公路工程标准规范理解与应用丛书

《公路路面基层施工技术细则》实施手册

王旭东 张 蕾 曾 峰 肖 倩 编著

人民交通出版社股份有限公司

内 容 提 要

本书为《公路路面基层施工技术细则》(JTG/T F20—2015)的配套图书,由细则的主要起草人编写,对细则条文的编写理由、背景资料、使用时应注意的事项等内容进行了详细介绍,以方便读者更好地学习、理解、应用细则。

本书可作为《公路路面基层施工技术细则》(JTG/T F20—2015)的宣贯用书。

图书在版编目(CIP)数据

《公路路面基层施工技术细则》实施手册/王旭东等编著.—北京:人民交通出版社股份有限公司,2015.7

ISBN 978-7-114-12366-5

Ⅰ.①公… Ⅱ.①王… Ⅲ.①路面基层—道路工程—工程施工—技术规范—技术手册 Ⅳ.①U416.2-65

中国版本图书馆 CIP 数据核字(2015)第 134428 号

公路工程标准规范理解与应用丛书

书　　名:	《公路路面基层施工技术细则》实施手册
著　作　者:	王旭东　张　蕾　曾　峰　肖　倩
责任编辑:	李　农
出版发行:	人民交通出版社股份有限公司
地　　址:	(100011)北京市朝阳区安定门外外馆斜街3号
网　　址:	http://www.ccpress.com.cn
销售电话:	(010) 59757973
总　经　销:	人民交通出版社股份有限公司发行部
经　　销:	各地新华书店
印　　刷:	北京市密东印刷有限公司
开　　本:	720×960　1/16
印　　张:	10.75
字　　数:	167千
版　　次:	2015年7月　第1版
印　　次:	2023年4月　第6次印刷
书　　号:	ISBN 978-7-114-12366-5
定　　价:	50.00元

(有印刷、装订质量问题的图书,由本公司负责调换)

前 言 QIANYAN

《公路路面基层施工技术规范》(JTJ 034—2000)自2000年颁布实施以来,时隔15年,新修订的《公路路面基层施工技术细则》(JTG/T F20—2015)问世。15年来,原规范对指导我国以高速公路为代表的公路网建设,提高路面的使用质量和耐久性起到了重要作用。

随着我国经济建设的发展,公路上交通荷载愈来愈繁重;同时,公路建设的可持续发展,提升路面结构的耐久性的需求也愈来愈迫切。在这种形势下,修订编写组在总结十余年来公路路面基层施工技术发展经验和相关科研成果的基础上,经分析论证和广泛征求国内专家意见,明确以提高基层施工质量均匀性为核心,以修建耐久性路面基层为目标的指导思想,吸收了近些年在基层生产实践中逐渐形成的、成熟的新技术、新材料和新工艺,完成了《公路路面基层施工技术细则》(JTG/T F20—2015)(简称"本细则")的修订工作。

为帮助广大技术人员更好地掌握、理解和应用2015版细则,了解条文编制的背景,把握修订的主要内容,正确运用细则解决工程实际问题,细则编制组编写了本书。

本书编写体例与《公路路面基层施工技术细则》(JTG/T F20—2015)基本一致,手册中对细则中相关条款进行了详细的注释;同时,对当前一些困扰我国半刚性基层材料(主要是水泥稳定级配碎石)设计的内容进行了阐述,例如:7d无侧限抗压强度标准问题、级配设计问题、振动压实成型问题、养生问题等。此外,还将原规范中一些重要的条文说明内容予以保留。为便于区分,细则条文采用楷体,条文释义采用宋体。

本书内容如有与《公路路面基层施工技术细则》(JTG/T F20—2015)不一致之处,以后者规定为准。

本书第一、二、三、五、六、七章及附录由王旭东编写,第四章由张蕾编写,第八章由曾峰编写,肖倩负责全书的文字校核。

作　者

2015 年 6 月

目　录 MULU

1 总则 ··· 1
2 术语 ··· 6
3 原材料要求 ··· 8
   3.1 一般规定 ··· 8
   3.2 水泥及添加剂 ·· 9
   3.3 石灰 ·· 10
   3.4 粉煤灰等工业废渣 ·· 11
   3.5 水 ·· 12
   3.6 粗集料 ··· 13
   3.7 细集料 ··· 17
   3.8 材料分档与掺配 ··· 21
4 混合料组成设计 ·· 24
   4.1 一般规定 ··· 24
   4.2 强度要求 ··· 31
   4.3 强度试验及计算 ··· 40
   4.4 无机结合料的计算和比例 ······························ 45
   4.5 混合料推荐级配及技术要求 ·························· 47
   4.6 无机结合料稳定材料目标配合比设计技术要求 ··· 61
   4.7 无机结合料稳定材料生产配合比设计技术要求 ··· 68
   4.8 级配碎石配合比设计技术要求 ······················· 70
5 混合料生产、摊铺及碾压 ··································· 78
   5.1 一般规定 ··· 78
   5.2 混合料集中厂拌与运输 ·································· 84
   5.3 混合料人工拌和 ··· 89
   5.4 摊铺机摊铺与碾压 ······································· 96
   5.5 人工摊铺与碾压 ··· 102
6 养生、交通管制、层间处理及其他 ······················· 106
   6.1 一般规定 ··· 106

6.2　养生方式 ·· 108
　　6.3　交通管制 ·· 111
　　6.4　无机结合料稳定材料层之间的处理 ·· 112
　　6.5　无机结合料稳定材料基层与沥青面层之间的处理 ··································· 113
　　6.6　基层收缩裂缝的处理 ·· 115
7　填隙碎石施工技术要求 ·· 116
　　7.1　一般规定 ·· 116
　　7.2　材料技术要求 ··· 117
　　7.3　施工工法 ·· 118
8　施工质量标准与控制 ·· 121
　　8.1　一般规定 ·· 121
　　8.2　材料检验 ·· 124
　　8.3　铺筑试验段 ··· 130
　　8.4　施工过程检测 ··· 134
　　8.5　质量检查 ·· 141
附录 A　无机结合料稳定材料级配设计 ··· 145
附录 B　水泥稳定级配碎石等质量控制关键环节 ··· 148
附录 C　回弹弯沉值的计算 ·· 155
附录 D　质量检验的统计分析计算 ··· 156

1 总则

1.0.1 为提高公路路面基层、底基层的施工技术水平,保证施工质量,制定本细则。

无论是沥青混凝土路面还是水泥混凝土路面,基层和底基层的施工质量对其使用耐久性的影响至关重要。从路面结构原理上讲,基层和底基层是路面结构的主要承重结构层,不论是刚性基层结构、半刚性基层结构还是柔性基层结构。因此,加强施工质量的控制与管理,提高基层和底基层的施工质量有利于提高路面整体结构使用性能的耐久性和延长使用寿命。

"强基、薄面、稳土基"是我国沥青路面的设计理念,半刚性基层结构是我国沥青路面的典型结构形式。当前我国以高速公路为代表的国道网公路出现了一些非正常的损伤(有的称之为"早期损坏"),由此有观点认为:半刚性基层结构不适用于我国公路建设。其实,并不是半刚性基层不适用,而是我们还没有找到修好半刚性基层结构的关键技术。从原材料角度看,以往过分强调就地取材,忽视了原材料的质量控制;材料设计中过度强调7d无侧限抗压强度指标,忽视了材料的级配设计和其他使用性能要求(如密实性、收缩特性、施工和易性等);施工过程中,生产工艺落后,混合料的均匀性差,缺少有效的后验性质量检评手段,施工质量近于失控。因此,此次施工细则修订针对这些问题对原规范进行了补充完善,其核心目的是加强施工过程中的质量控制,减少基层、底基层施工的变异性,提高施工质量、满足设计要求。

近些年来,我国不少省份修筑了长寿命沥青路面。在总结实践经验的基础上,本细则针对高速公路半刚性基层结构的长寿命路面施工也进行了尝试性的探索,并制定了相关规定。

与原规范相比,本细则的编写体例有了较大的变化,将原规范按照材料类型编写的体例,改为按照施工流程编写。分为原材料要求,混合料组成设计,混合料生产、摊铺及碾压、养生、交通管制、层间处理及其他以及施工质量标准与控制等章节，保留了原规范中填隙碎石施工技术要求的内容；同时，编制了无机结合料稳定材料级配设计、水泥稳定级配碎石等质量控制关键环节、回弹弯沉值的计算和质量检验的统计分析计算4个附录。

1.0.2 本细则适用于各等级公路新建和改扩建工程的基层、底基层施工。

本细则适用于各等级公路新建和改扩建工程的基层、底基层施工；同时，考虑到垫层是路面结构设计中常用的一种功能层，在实际路面结构设计中常作为路面主体结构的附属部分，不可或缺，一般属于路基设计的一部分，但是路基设计中这部分内容比较弱，为此，本细则提出垫层的施工技术要求、方法和质量管理，应符合底基层同类材料的规定。

设置垫层的目的，一是作为路面结构中抗冻层设置，二是作为路面结构中的排水或隔水层设计。前者较多地应用于我国北方冰冻地区的路面结构中，后者常用于我国南方潮湿多雨地区的路面结构中。实际工程表明，垫层的设置对提高路面结构的稳定性和耐久性起到重要作用。根据工程情况，垫层一般选择级配碎石（砾石）或未筛分碎石（砾石）。有些地方采用石灰或水泥处理上路床，这也是垫层的一种形式。

1.0.3 应采用符合本细则的原材料、施工配合比、施工工艺和质量标准与控制规定。在满足实际工程技术要求的前提下，应优先选用技术可靠、经济合理的当地材料。

编制组希望广大的工程技术人员，认真领会本细则编写的技术核心，结合实际工程的具体情况，因地制宜、选择合理可靠的技术对策和工艺方案，建设质量优良的基层和底基层。

具体的技术要求将在后续章节中逐一介绍，在此对"就地取材"问题进行说明。与沥青面层材料相比，基层、底基层材料来源广泛，适宜于就地取材，且造价低，因此，"就地取材"在我国公路建设中得以广泛的应用。但也应认识到，就地取材并不是随意取材，为了满足路面结构使用性能的要求，原材料也应满足相应的技术要求，否则必须更换。特别是对于高速公路和一级公路的基层材料，不仅原材料的品质要求明确,而且矿料级配的要求应更加严格。

1.0.4 质量保障体系应贯穿于施工全过程,明确全员质量责任,加强各工序质量控制与管理,保证工程质量。

1.0.5 应建立健全安全生产管理体系及应急预案,明确安全责任,严格执行安全操作规程,保障施工人员的职业健康和施工安全。

各级公路基层施工应依法建立健全安全生产管理体系,并应有安全施工应急预案,明确各工序的安全责任人,所有操作人员均应严格执行安全操作规程,坚决杜绝在拌和楼清理、运输卸料和摊铺过程中造成人员伤害事故。安全生产的另一方面是保障现场全体施工人员的职业卫生健康,防止工地群发传染病等。

1.0.6 应注重节约用地,降低能源和材料消耗,保护环境。

在施工过程中,应依法落实国家环境保护的相关法律法规,杜绝原材料和混凝土的随意抛撒浪费,节省原材料,保护土地资源。

1.0.7 应积极稳妥地采用技术可靠、经济合理的新技术、新材料、新设备和新工艺。

近些年,随着公路技术的发展,产生了一些新技术、新材料、新设备和新工艺,对提高基层和底基层的施工质量起到了积极作用。但是在应用这些新技术、新材料、新设备和新工艺的同时,应以路面结构整体的设计原理、技术可靠性为原则,以广泛的实践经验总结为基础,不能单纯认为凡是"新"的就是"好"的,就是可以应用的。因此,条文中提出"积极稳妥"地采用。

这里需要指出,化学固化剂在我国公路建设中试验性使用已有二十多年了,有些地方也被当作新材料使用,但是不同地区使用效果不尽相同,且经济成本比传统的无机结合料高许多,更主要的是固化剂品种繁多,每种固化剂都有不同的适用条件,我国在这方面还缺乏系统的研究和总结,因此本细则没有列入有关固化剂应用的技术内容。但并不是否定固化剂的应用。在具体工程中应根据实际情况,通过详尽的试验论证,选择适用的固化剂材料。这里的试验论证,不仅仅是7d无侧限抗压强度,还应进行抗压模量、弯拉模量、强度等设计指标评定以及环境耐久性等性能评价。

1.0.8 公路路面基层、底基层施工除应符合本细则的规定外,尚应符合国家和行业现行有关标准的规定。

当国家和行业现行有关规范标准由于发布时间不同而出现矛盾时,应以最新颁布标准规范为执行依据。

本细则规定的基层、底基层材料主要指无机结合料稳定材料和级配碎石、砾石等非整体性材料。随着公路技术的发展,特别是公路改、扩建工程,基层类型更加多样,如沥青混合料基层、刚性基层等。这些材料的应用技术要求应符合相关的《公路沥青路面施工技术规范》(JTG F40)和《公路水泥混凝土路面施工技术细则》(JTG/T F30)的要求。

基层用沥青混合料是一个广义的概念,包括:密实型沥青混合料、半开级配和开级配的沥青碎石、沥青贯入式碎石等。这些材料的技术要求、施工方法和质量管理要求在《公路沥青路面施工技术规范》(JTG F40)中都有相关的规定,本细则不再重复。

常用的刚性基层材料包括水泥混凝土、贫混凝土以及配筋水泥混凝土等。这些材料大部分的技术要求、施工方法和质量管理要求在《公路水泥混凝土路面施工技术细则》(JTG/T F30)中都有相关的规定,本细则不再重复。

其中"贫混凝土"在实际中工程分为两类:一种是浇筑成型的贫混凝土,称之为浇筑式贫混凝土;另一种是碾压成型的,称之为碾压贫混凝土。这两种材料强度介于水泥混凝土和无机结合料稳定材料之间,因此统称为贫混凝土,但是两者的材料要求(如水灰比)、生产工艺和碾压工艺完全不同。鉴于两类贫混凝土的施工工艺不同,为便于施工和质量控制,当施工单位采用浇筑式的贫混凝土时,应符合《公路水泥混凝土路面施工技术细则》(JTG/T F30)的规定;当施工单位采用碾压贫混凝土时,应符合本细则的规定。

原规范的条文说明中介绍了国外贫混凝土相关的技术标准与分类,在此保留说明。1986年版的英国《公路工程技术规范》中将浇筑成型的贫混凝土称作湿贫混凝土,并分成四个等级,其相应的立方体试件(150mm×150mm×150mm)的7d龄期无侧限抗压强度见表1-1。

表 1-1　英国湿贫混凝土试件 7d 龄期无侧限抗压强度

强度等级	7d 抗压强度(MPa)	水灰比
C7.5	4.5	0.6
C10	7.5	0.6
C15	12	0.6
C20	15	0.6

强度与上述湿贫混凝土相似的水泥稳定级配集料,有的国家称为干贫混凝土,在上述英国规范中称水泥结材料,其施工方法和质量管理与本细则相同。英国水泥结材料也分成四个等级,其相应的立方体试件(150mm×150mm×150mm)的 7d 龄期无侧限抗压强度见表 1-2。

表 1-2　英国水泥结材料试件 7d 龄期无侧限抗压强度

标　号	7d 抗压强度(MPa)		拌 和 方 法
	平均值	单个值要求	
CBM1	4.5	>2.5	就地拌和或厂拌
CBM2	7	>4.5	就地拌和或厂拌
CBM3	10	>6.5	厂拌
CBM4	15	>10	厂拌

从这些强度看,CBM3 和 CBM4 的强度水平明显高于我国原规范水泥稳定碎石材料的强度,且低于水泥混凝土,因此可称为贫混凝土。

2 术语

2.0.1 基层 base
直接位于沥青路面面层下的主要承重层,或直接位于水泥混凝土面板下的结构层。

2.0.2 底基层 subbase
在沥青路面基层下铺筑的次要承重层或在水泥混凝土路面基层下铺筑的辅助层。

2.0.3 水泥稳定材料 cement stabilized material
以水泥为结合料,通过加水与被稳定材料共同拌和形成的混合料,包括水泥稳定级配碎石、水泥稳定级配砾石、水泥稳定石屑、水泥稳定土、水泥稳定砂等。

2.0.4 综合稳定材料 composite stabilized material
以两种或两种以上材料为结合料,通过加水与被稳定材料共同拌和形成的混合料,包括水泥石灰稳定材料、水泥粉煤灰稳定材料、石灰粉煤灰稳定材料等。

2.0.5 石灰稳定材料 lime stabilized material
以石灰为结合料,通过加水与被稳定材料共同拌和形成的混合料,包括石灰碎石土、石灰土等。

2.0.6 工业废渣稳定材料 industrial waste stabilized material
以石灰或水泥为结合料,以煤渣、钢渣、矿渣等工业废渣为主要被稳定材料,通过加水拌和形成的混合料。

2.0.7 级配碎石 graded crushed stone
各档粒径的碎石和石屑按一定比例混合,级配满足一定要求且塑性指数和承载比均符合规定要求的混合料。

2.0.8 级配砾石 graded gravel

各档粒径的砾石和砂按一定比例混合,级配满足一定要求且塑性指数和承载比均符合规定要求的混合料。

2.0.9 未筛分碎石 crushed stone

粒径大小不一的碎石仅用一个与规定最大工程粒径相符的筛筛去超尺寸颗粒后得到的碎石混合料。

2.0.10 松铺系数 coefficient of loose paving material

材料的松铺厚度与达到规定压实度的压实厚度之比值。

2.0.11 容许延迟时间 permitted delay time

在满足强度标准的前提下,水泥稳定材料拌和后至碾压成型之前所容许的最大时间间隔。

2.0.12 碾压遍数 compaction time

压路机沿相同或相近轮迹往、返碾压各1次,称为碾压1遍,并以此方式计算碾压数量。

3 原材料要求

细则在总结近年来工程经验的基础上,对原材料要求进行了如下增补和扩充:

(1) 提高了基层用粗集料的压碎值技术要求,增加了软石含量、针片状颗粒含量、粉尘含量等指标;增加了细集料技术要求。

(2) 增加了高速公路和一级公路基层混合料生产时材料分档的数量要求和规格要求。

3.1 一般规定

3.1.1 在原材料试验评定中,应随机选取具有足够数量的样本进行材料试验。

为了保证原材料试验结果的可靠性,一定样本量的重复性试验是必要的,试验检测人员应严格按照相关的试验规程进行检测。当检测结果异常时,应适当增加样本量或重新进行试验。

3.1.2 再生材料可用于低于原路结构层位或原路等级的公路建设,其技术指标应满足本细则的相关要求。

各等级公路基层或底基层修建时,原则上鼓励再生材料的使用,这符合资源节约的政策。但是使用时应注意质量要求,不应为了再生而再生。一般来说,再生材料的材料均匀性、力学性能等均不如新材料,根据国外应用经验和我国既有工程总结,本条款规定再生材料的适用条件是"低于原路结构层位或原路等级",例如高速公路基层材料再生后可用于高速公路的底基层,或者一级及其以下公路的基层或底基层。同时,对于高速公路,建议采用厂拌再生,而不是现场再生。

3.1.3 工业废弃物作为筑路材料使用前应进行环境评价,并满足国家相关规定。

工业废弃物在公路基层或底基层的应用符合国家资源利用、环境保护的政策,但具体到某一材料应用的可行性,应首先进行必要的环境评价与论证,确定符合国家相关规定,避免污染的二次传播。

3.2 水泥及添加剂

3.2.1 强度等级为32.5或42.5,且满足本细则要求的普通硅酸盐水泥等均可使用。

用于水泥稳定材料的水泥类型比较广泛。除了已列入的水泥名称外,还可考虑复合水泥、粉煤灰水泥等。其总体原则是:只要通过室内外试验证明,满足路用性能要求的水泥均可使用。

首先推荐采用32.5级水泥,当32.5级水泥的确存在采购困难时,则也可采用42.5级水泥。

3.2.2 所用水泥初凝时间应大于3h,终凝时间应大于6h且小于10h。

工程中对水泥初凝时间的确定,一般以从混合料拌和到碾压成型所需的时间作为基础,增加1~2h。同时,应考虑施工期间气温对初凝时间的影响,一般来说,气温越高,水泥的初凝时间越短。因此,为了保证工程质量,当气温较高、水泥初凝时间不足时,可掺加缓凝剂保证路面铺筑顺利进行。

3.2.3 在水泥稳定材料中掺加缓凝剂或早强剂时,应对混合料进行试验验证。缓凝剂和早强剂的技术要求应符合现行《公路水泥混凝土路面施工技术细则》(JTG/T F30)的规定。

根据目前的工程经验,大多数情况下,采用水泥稳定材料时,不需要掺加缓凝剂或早强剂。但是,在一些特殊的施工情况下,如气候变化、工期要求等,需要在水泥稳定材料中掺加一定的外掺剂,此时可按《公路水泥混凝土路面施工技术细则》(JTG/T F30)的要求对外掺剂进行检验、选择。

同时,在掺加外掺剂时应注意拌和的均匀性,一方面需要专门的添加设备,另一方面有效控制拌和工艺。

3.3 石灰

3.3.1 石灰技术要求应符合表 3.3.1-1 和表 3.3.1-2 的规定。

表 3.3.1-1 生石灰技术要求

指标	钙质生石灰			镁质生石灰			试验方法
	Ⅰ	Ⅱ	Ⅲ	Ⅰ	Ⅱ	Ⅲ	
有效氧化钙加氧化镁含量(%)	≥85	≥80	≥70	≥80	≥75	≥65	T 0813
未消化残渣含量(%)	≤7	≤11	≤17	≤10	≤14	≤20	T 0815
钙镁石灰的分类界限,氧化镁含量(%)	≤5			>5			T 0812

表 3.3.1-2 消石灰技术要求

指标		钙质消石灰			镁质消石灰			试验方法
		Ⅰ	Ⅱ	Ⅲ	Ⅰ	Ⅱ	Ⅲ	
有效氧化钙加氧化镁含量(%)		≥65	≥60	≥55	≥60	≥55	≥50	T 0813
含水率(%)		≤4	≤4	≤4	≤4	≤4	≤4	T 0801
细度	0.60mm 方孔筛的筛余(%)	0	≤1	≤1	0	≤1	≤1	T 0814
	0.15mm 方孔筛的筛余(%)	≤13	≤20	—	≤13	≤20	—	T 0814
钙镁石灰的分类界限,氧化镁含量(%)		≤4			>4			T 0812

3.3.2 高速公路和一级公路用石灰应不低于Ⅱ级技术要求,二级公路用石灰应不低于Ⅲ级技术要求,二级以下公路宜不低于Ⅲ级技术要求。

3.3.3 高速公路和一级公路的基层,宜采用磨细消石灰。

3.3.4 二级以下公路使用等外石灰时,有效氧化钙含量应在20%以上,且混合料强度应满足要求。

当二级以下公路必须使用等外石灰石、贝壳石灰、珊瑚石灰、电石渣等时,其有效钙含量也应在20%以上,且使用前应进行混合料的试验验证,只有当混合料的强度符合本细则相关规定时方可使用。

3.4 粉煤灰等工业废渣

3.4.1 干排或湿排的硅铝粉煤灰和高钙粉煤灰等均可用作基层或底基层的结合料。粉煤灰技术要求应符合表3.4.1的规定。

表3.4.1 粉煤灰技术要求

检测项目	技术要求	试验方法
SiO_2、Al_2O_3 和 Fe_2O_3 总含量(%)	>70	T 0816
烧失量(%)	≤20	T 0817
比表面积(cm^2/g)	>2 500	T 0820
0.3mm筛孔通过率(%)	≥90	T 0818
0.075mm筛孔通过率(%)	≥70	T 0818
湿粉煤灰含水率(%)	≤35	T 0801

粉煤灰是火力发电厂燃烧煤粉产生的粉状灰渣。绝大多数粉煤灰的主要成分是二氧化硅(SiO_2)和三氧化二铝(Al_2O_3),其总含量常超过70%,氧化钙(CaO)含量一般在2%~6%,这种粉煤灰可称作硅铝粉煤灰。个别地方的粉煤灰含有10%~40%的氧化钙,这种粉煤灰可称作高钙粉煤灰。粉煤灰的烧失量一般小于10%,有的则在20%以上。烧失量过大将明显降低混合料的强度。

粉煤灰的粒径在0.001~0.3mm之间,但大部分在0.01~0.1mm之间,其比表面积一般在2 000~3 500cm^2/g之间。

现在有些地区,将粉煤灰磨细,粒径减小、比表面积增加(称为磨细粉煤灰),掺入到混合料中,使混合料的性能得到改善,且经济成本不高,是一个值得推广的技术改良。

国外有些标准限制粉煤灰的含碳量(或以烧失量表示)不超过8%~10%。试验证明,即使粉煤灰的烧失量达20%,也能组成强度符合要求的二灰集料(或二灰土)混合料。只有当烧失量超过30%时,混合料的强度才有明显下降,因此,本条对烧失量作了较宽的规定。

粉煤灰的含水率不应过大。含水率过大时,粉煤灰颗粒会凝聚成团。用集中厂拌法拌制混合料时,过湿的粉煤灰不易通过下料斗的开口,直接影响预先设置的配合比和拌和机的产量。

对于底基层,二级及其以下公路基层所用的粉煤灰,如果通过率达不到上述标准,应进行混合料强度试验,达到本细则要求的指标后,可考虑使用。

3.4.2 各等级公路的底基层、二级及二级以下公路的基层使用的粉煤灰,通过率指标不满足表3.4.1要求时,应进行混合料强度试验,达到本细则相关要求的强度指标时,方可使用。

3.4.3 煤矸石、煤渣、高炉矿渣、钢渣及其他冶金矿渣等工业废渣可用于修筑基层或底基层,使用前应崩解稳定,且宜通过不同龄期条件下的强度和模量试验以及温度收缩和干湿收缩试验等评价混合料性能。

煤矸石、煤渣、高炉矿渣、钢渣及其他冶金矿渣等工业废渣作为集料应用于基层或底基层时,首先应崩解稳定,降低其活性,使其强度、膨胀率、吸水率等指标满足一定标准,方可考虑作为基层集料使用。同时,应选择石料集料作为参考对比材料,对混合料性能进行全面的比较和验证,采用工业废渣作为集料的无机结合料稳定材料最终各项性能试验结果不宜低于采用石料的无机结合料稳定材料。

3.4.4 水泥稳定煤矸石不宜用于高速公路和一级公路。

3.4.5 工业废渣类作为集料使用时,公称最大粒径应不大于31.5mm,颗粒组成宜有一定级配,且不宜含杂质。

3.5 水

3.5.1 符合现行《生活饮用水卫生标准》(GB 5749)的饮用水可直接作为基层、底基层材料拌和与养生用水。

在现行《生活饮用水卫生标准》(GB 5749)中,有非常严格的各种重金属、离子、总固体、pH值、细菌、微生物等的限量规定,较之混凝土拌和用水的要求严格得多,因此,只要符合现行《生活饮用水卫生标准》(GB 5749)的饮用水,不需要另行进行水质检测。

3.5.2 拌和使用的非饮用水应进行水质检验,技术要求应符合表3.5.2的规定。

表3.5.2 非饮用水技术要求

项次	项目	技术要求	试验方法
1	pH值	≥4.5	JGJ 63
2	Cl^-含量(mg/L)	≤3 500	
3	SO_4^{2-}含量(mg/L)	≤2 700	
4	碱含量(mg/L)	≤1 500	
5	可溶物含量(mg/L)	≤10 000	
6	不溶物含量(mg/L)	≤5 000	
7	其他杂质	不应有漂浮的油脂和泡沫及明显的颜色和异味	

表3.5.2源自中国建筑科学研究院修订颁布的《混凝土用水标准》(JGJ 63—2006)的技术要求,技术要求采用其中素混凝土用水标准。

3.5.3 养生用水可不检验不溶物含量,其他指标应符合表3.5.2的规定。

养生用水不直接参与混合料的水泥水化反应等,因此,其质量相对拌和用水要求略低。

3.6 粗集料

3.6.1 用作被稳定材料的粗集料宜采用各种硬质岩石或砾石加工成的碎石,也可直接采用天然砾石。粗集料应符合表3.6.1中Ⅰ类规定,用作级配碎石的粗集料应符合表3.6.1中Ⅱ类的规定。

表3.6.1 粗集料技术要求

指标	层位	高速公路和一级公路				二级及二级以下公路		试验方法
		极重、特重交通		重、中、轻交通				
		Ⅰ类	Ⅱ类	Ⅰ类	Ⅱ类	Ⅰ类	Ⅱ类	
压碎值(%)	基层	≤22[a]	≤22	≤26	≤26	≤35	≤30	T 0316
	底基层	≤30	≤26	≤30	≤26	≤40	≤35	
针片状颗粒含量(%)	基层	≤18	≤18	≤22	≤18	—	≤20	T 0312
	底基层	—	≤20	—	≤20	—	≤20	

续上表

指标	层位	高速公路和一级公路				二级及二级以下公路		试验方法
		极重、特重交通		重、中、轻交通				
		Ⅰ类	Ⅱ类	Ⅰ类	Ⅱ类	Ⅰ类	Ⅱ类	
0.075mm以下粉尘含量(%)	基层	≤1.2	≤1.2	≤2	≤2	—	—	T 0310
	底基层	—	—	—	—	—	—	
软石含量(%)	基层	≤3	≤3	≤5	≤5	—	—	T 0320
	底基层	—	—	—	—	—	—	

注：ª 对花岗岩石料，压碎值可放宽至25%。

本细则为提高基层材料质量，首先对粗集料提出了比原规范更明确和严格的要求。压碎值比原规范有明显的提高，特别针对极重、特重交通等级荷载提出更高的要求。同时，对于高速公路和一级公路，增加了针片状颗粒含量、0.075mm以下的粉尘含量和软石含量等指标。

这些指标技术要求的提高使得用于高速公路和一级公路的水泥稳定级配碎石（砾石）的碎石技术要求基本达到或接近沥青混凝土中、下面层的碎石指标要求（特别是极重、特重交通水平）。这为今后高速公路和一级公路的沥青混凝土中、下面层与半刚性基层材料实现一体化备料扫清技术障碍。

集料压碎值是一种较简单、方便和易于操作的试验。集料压碎值的标准试验只需要一台能量400kN的压力机。集料压碎值的试验精度较高，通常只需要做两次试验，并取其平均值。应采用检验沥青面层用碎石的压碎值的试验方法。即在10min内将总荷载均匀地增加到400kN。

不同岩性的集料压碎值存在一定差异，一般来说，花岗岩的压碎值比较大，玄武岩类、石灰岩类的压碎值比较小。如采用石灰岩类压碎值指标要求花岗岩，则很难满足要求，在一些地区将难以找到合适的建筑材料，不利于广泛的就地取材；相反，如采用花岗岩类的压碎值指标要求石灰岩，则放宽了对原材料的技术要求，不利于工程的质量控制。因此，对于极重、特重交通条件下的高速公路和一级公路的基层用集料压碎值提出了花岗岩适用标准。

3.6.2 基层、底基层的粗集料规格要求宜符合表3.6.2的规定。

3 原材料要求

表 3.6.2 粗集料规格要求

规格名称	工程粒径(mm)	通过下列筛孔(mm)的质量百分率(%)									公称粒径(mm)
		53	37.5	31.5	26.5	19.0	13.2	9.5	4.75	2.36	
G1	20~40	100	90~100	—	—	0~10	0~5	—	—	—	19~37.5
G2	20~30	—	100	90~100	—	0~10	0~5	—	—	—	19~31.5
G3	20~25	—	—	100	90~100	0~10	0~5	—	—	—	19~26.5
G4	15~25	—	—	100	90~100	—	0~10	0~5	—	—	13.2~26.5
G5	15~20	—	—	—	100	90~100	0~10	0~5	—	—	13.2~19
G6	10~30	—	100	90~100	—	—	—	0~10	0~5	—	9.5~31.5
G7	10~25	—	—	100	90~100	—	—	0~10	0~5	—	9.5~26.5
G8	10~20	—	—	—	100	90~100	—	0~10	0~5	—	9.5~19
G9	10~15	—	—	—	—	100	90~100	0~10	0~5	—	9.5~13.2
G10	5~15	—	—	—	—	100	90~100	40~70	0~10	0~5	4.75~13.2
G11	5~10	—	—	—	—	—	100	90~100	0~10	0~5	4.75~9.5

表中 5、10、15、20、25、30、40mm 的公称粒径表示尺寸,是一种习惯性用法(来源于圆孔筛的尺寸),与当前工程筛孔并不一致。为此,表中各档规格矿料列出了习惯公称粒径范围与工程粒径范围的对比,以便使用。例如:工程粒径范围 10~20mm 规格集料主要指公称粒径范围 9.5~19mm 的集料。

3.6.3 高速公路和一级公路极重、特重交通荷载等级基层的 4.75mm 以上粗集料应采用单一粒径的规格料。

本细则规定高速公路和一级公路在极重和特重交通等级下,基层所用的粗集料应采用单一粒径备料,主要目的是为了提高施工过程中材料的均匀性和稳定性,从而提高结构强度,降低由于材料不均匀所引起的非正常开裂。

单一粒径的规格料指集料经过筛分,在相邻筛孔间剩余的质量应占其总质量的85%以上,即保留在上一档筛孔和通过下一档筛孔的集料质量不应大于总质量的15%。

单一粒径的规格料可以直接在集料加工场通过筛孔调整的方式生产,施工单位采购单一粒径规格料;也可以采用单一粒径筛分机,由施工单位在拌和场对常规集料进行逐级筛分获得。施工准备中,应注意筛分机的产能与施工进度相匹配。

3.6.4 作为高速公路、一级公路底基层和二级及二级以下公路基层、底基层被稳定材料的天然砾石材料宜满足表3.6.1的要求,并应级配稳定、塑性指数不大于9。

3.6.5 应选择适当的碎石加工工艺,用于破碎的原石粒径应为破碎后碎石公称最大粒径的3倍以上。高速公路基层用碎石,应采用反击破碎的加工工艺。

对于高速公路,为了确保基层或者联结层结构的强度和质量,应采用反击破碎的方式生产碎石。反击破碎石的针片状颗粒少,破碎面多、棱角性好,有利于改善混合料的力学性能。

3.6.6 碎石加工中,根据筛网放置的倾斜角度和工程经验,应选择合理的筛孔尺寸。粒径尺寸与筛孔尺寸对应关系宜符合表3.6.6的规定。根据破碎方式和石质的不同,可适当调整筛孔尺寸,调整范围宜为1~2mm。

表3.6.6 粒径尺寸与筛孔尺寸对应表

粒径尺寸(mm)	4.75	9.5	13.2	16	19	26.5	31.5	37.5
筛孔尺寸(mm)	5.5	11	15	18	22	31	36	43

为了加工出符合规格要求的碎石,需要选择合理的筛孔尺寸。根据筛网放置的倾斜角度和工程经验,推荐的筛孔尺寸对应表见表3.6.6。例如:某工程需要生产5~10mm、10~20mm、20~25mm三种规格的碎石,则碎石场的筛孔尺寸推荐为:5.5mm、11mm、22mm和31mm四种。

另外需要注意以下几点:

(1)筛孔尺寸与破碎方式、石质有关,可根据具体工程情况进行调整,调整范围1~2mm。

(2)为了严格控制各档矿料的超粒径含量,筛孔尺寸宁窄勿宽。

(3)在实际工程中,筛孔尺寸需要进行反复调整,以保证整体工程的质量。规格良好的矿料,不仅可以提高工程质量,而且减少工程废料,具有一定的经济效益。

3.6.7 用作级配碎石或砾石的粗集料应采用具有一定级配的硬质石料,且不应含有黏土块、有机物等。

由各种大小不同粒级集料组成的混合料,当其级配符合技术规范的规定时,称其为级配型集料。级配型集料中,没有水泥、石灰等水硬性结合料,也没有沥青,所以在国外常称其为无结合料粒料或无结合料材料。级配型集料中常含有一定数量的细土(指粒径小于0.5mm的颗粒,国外有不少国家常用0.425mm),细土中有时有一定数量的粉粒(粒径小于0.05mm的颗粒,有不少国家用小于0.075mm)和黏粒(粒径小于0.002mm的颗粒),并具有或大或小的塑性指数。

3.6.8 级配碎石或砾石用作基层时,高速公路和一级公路公称最大粒径应不大于26.5mm,二级及二级以下公路公称最大粒径应不大于31.5mm;用作底基层时,公称最大粒径应不大于37.5mm。

3.7 细集料

3.7.1 细集料应洁净、干燥、无风化、无杂质,并有适当的颗粒级配。

3.7.2 高速公路和一级公路用细集料技术要求应符合表3.7.2的规定。

表3.7.2 细集料技术要求

项目	水泥稳定[a]	石灰稳定	石灰粉煤灰综合稳定	水泥粉煤灰综合稳定	试验方法
颗粒分析	满足级配要求				T 0302/T 0303/T 0327
塑性指数[b]	≤17	适宜范围 15~20	适宜范围 12~20	—	T 0118
有机质含量(%)	<2	≤10	≤10	<2	T 0313/T 0151
硫酸盐含量(%)	≤0.25	≤0.8	—	≤0.25	T 0341

注:[a] 水泥稳定包含水泥石灰综合稳定。
[b] 应测定0.075mm以下材料的塑性指数。

塑性指数为15~20的黏性土,易于粉碎和拌和,便于碾压成型,施工和使用效果都较好。对于无塑性指数的级配砾石和级配碎石,用石灰稳定的效果远不如用石灰土稳定的效果,用石灰稳定无塑性指数的级配砾石、级配碎石和未筛分碎石时,应添加15%左右的黏性土。例如,对于同一种级配砾石,用石灰稳定后(石灰剂量5%)的回弹模量只有1 919MPa,而用石灰土稳定后(配合比为2.7∶17.3∶80)的回弹模量高达5 537MPa,后者为前者的2.89倍。

试验证明,不同塑性指数的土适宜于用不同的结合料进行稳定。对三种不同塑性指数的土,用五种不同方式稳定的结果列在表3-1中。表中数值均指7d龄期的抗压强度 R_7。从表列结果可以看到,塑性指数小于12的土不适宜用石灰来稳定,而适宜用水泥来稳定;塑性指数15以上的黏性土更适宜于用水泥石灰综合稳定。土质对石灰稳定土抗压强度的影响如图3-1所示。

表3-1 不同方式稳定土的结果

结合料	生石灰粉		消石灰粉		生石灰粉+水泥		消石灰粉+水泥		水泥	
土的塑性指数	剂量(%)	R_7(MPa)	剂量(%)	R_7(MPa)	剂量(%)	R_7(MPa)	剂量(%)	R_7(MPa)	剂量(%)	R_7(MPa)
15.2	6	0.82	6	1.11	4+4 5+5	1.23 1.63	3+3	1.64	6	1.89
19.5	6	1.28	6	0.20	3+3	2.08	3+3	2.04	8 10	1.48 1.62
12	14	0.72	12 14	0.76 0.95	7+7	1.38	4+4 5+5	1.41 1.66	6	1.68

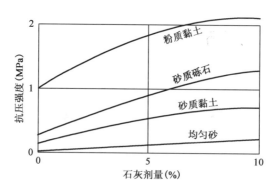

图3-1 土质对石灰稳定土抗压强度的影响

3.7.3 细集料规格要求应符合表3.7.3的规定。

表3.7.3 细集料规格要求

规格名称	工程粒径(mm)	通过下列筛孔(mm)的质量百分率(%)							公称粒径(mm)
		9.5	4.75	2.36	1.18	0.6	0.3	0.15	0.075	
XG1	3~5	100	90~100	0~15	0~5	—	—	—	—	2.36~4.75
XG2	0~3	—	100	90~100	—	—	—	—	0~15	0~2.36
XG3	0~5	100	90~100	—	—	—	—	—	0~20	0~4.75

3.7.4 对0~3mm和0~5mm的细集料应分别严格控制大于2.36mm和4.75mm的颗粒含量。对3~5mm的细集料应严格控制小于2.36mm的颗粒含量。

试验结果表明,在较高碎石含量的前提下,保证混合料的密实性,最有效的措施是控制混合料中2.36~4.75mm之间的矿料含量。一般来说,2.36~4.75mm之间的碎石含量占整个混合料质量的比例不宜超过10%。

3.7.5 高速公路和一级公路,细集料中小于0.075mm的颗粒含量应不大于15%;二级及二级以下公路,细集料中小于0.075mm的颗粒含量应不大于20%。

控制细集料0.075mm的通过率主要是为了控制生产混合料中0.075mm以下颗粒的含量。细集料在整个矿料混合料中一般占到质量的30%~40%,如果细集料中0.075mm以下含量超过15%,则合成级配中0.075mm以下的含量至少在4%~6%以上。

此外,现有的稳定材料拌和设备与沥青混合料拌和设备不同,没有除尘装置,细集料中的粉尘(指0.075mm以下的含量)对最终的矿料级配有直接的影响。从这个角度看,高速公路,特别是重载交通及其以上公路的上基层材料细集料要求应高于沥青混合料中、下面层。

3.7.6 级配碎石或砾石中的细集料可使用细筛余料,或专门轧制的细碎石集料。

3.7.7 天然砾石或粗砂作为细集料时,其颗粒尺寸应满足工程需要,且级配稳定,超尺寸颗粒含量超过本细则或实际工程的规定时应筛除。

各国对级配混合料中粒径小于0.5mm的颗粒含量的规定有很大差异,前苏联规定的含量最少,小于15%,有的国家多达40%。这种细集料的液限和塑性指数对级配混合料的水稳性有很大影响。液限和塑性指数愈大,集料的水稳性愈不好。用不同塑性指数的0~40mm的相同级配的集料,在最佳含水率下用重型击实试验法制成的试件,经浸水96h后进行承载比试验,试验结果如图3-2所示。由图中可以看到,虽然各个试件集料的级配相同,仅小于0.5mm颗粒的塑性指数不同,少量塑性细土对集料的承载比产生了很明显的影响,塑性指数愈大,承载比愈小,或水稳性愈不好。

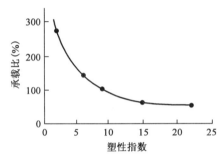

图3-2 塑性指数对级配集料承载比的影响

试验证明,级配混合料中加入少量塑性细土,不单要降低级配混合料的承载能力,而且要降低级配混合料的刚性和抗形变能力,使得级配混合料在相同荷载作用下产生较大的形变。因此,使级配混合料基层的塑性指数降到0,可以明显地减少塑性形变或辙槽。在实际工作中,对于级配碎石以及无塑性指数的级配砾石,要严格掌握其颗粒组成,且不应向其中添加任何塑性土。

各国丰富的实践经验证明,级配混合料用作沥青路面的基层时,必须严格控制其液限和塑性指数。凡级配混合料基层的塑性指数超过一定数值的路段,沥青面层往往过早破坏。在不同情况下的低塑性的级配混合料基层经常使用得很好。限制级配混合料中细土的液限和塑性指数,是为了在集料的含水率增加时,仍能保持集料有足够的强度。一般说来,同样用作基层的级配混合料,在冰冻地区和非冰冻地区,在潮湿地区和干旱地区,对于其中细土的液限和塑性指数的规定可以有所不同。最先由美国和欧洲国家(主要是冰冻地区)对这两个指标作了规定,一般要求液限不大于28%,塑性指数不大于6。但是,近30年来,随着交通量的发展,对用作沥青路面基层的级配混合料的塑性指数的规定渐趋向于更严格。例如,有的国家已规定基层级配混合料的塑性指数不大于3或4,甚至有的主张级配混合料最好是无塑性的。例如,1986年英国运输部的规范《新路面结构设计》中,对用作柔性路面和半刚性路面底基层的级配混合料,规定应是无塑性的。

实践证明,如级配混合料的塑性指数偏大,可以控制塑性指数与0.5mm(或0.425mm)以下颗粒含量的乘积不超过一定数值,以保证级配混合料的稳定性。对于这个乘积,不同国家有不同的规定。在年降雨量小于600mm的中干和干旱地区,地下水位对土基没有影响时,乘积不应大于120;在潮湿多雨地区,乘积不应大于100。

级配碎石用作联结层很有利于减少其上沥青面层的裂缝。级配碎石联结层成功的关键有两条:一是要严格掌握碎石的颗粒组成,使其符合要求且含水率合适并拌和均匀;二是要碾压到高密实度。符合表4.5.8的级配碎石,用振动压路机碾压,不难达到100%压实度。

原规范中还列有固体体积率的要求,考虑到级配碎石可以通过击实试验来确定其标准干密度,而在压实度与所定固体体积率之间又无等同关系,因此在本细则中不再并列固体体积率。

3.8 材料分档与掺配

3.8.1 材料分档应符合表3.8.1的规定。

表3.8.1 材料分档要求

层　位	高速公路和一级公路		二级及二级以下公路
	极重、特重交通	重、中、轻交通	
基层	≥5	≥4	≥3 或 4[a]
底基层	≥4	≥3 或 4[a]	≥3

注:[a] 对一般工程可选择不少于3档备料,对极重、特重交通荷载等级且强度要求较高时,为了保证级配的稳定,宜选择不少于4档备料。

本细则明确规定了不同公路等级、交通荷载等级,基层和底基层施工中应采用的材料分档最小值,主要目的是通过增加分档数目,提高混合料生产过程中集料级配的稳定性和可控性。原则上公路等级越高、交通荷载等级越高,材料的分档数量越多。

表3.8.1中的材料分档数目包括了粗集料和细集料。

为了有效控制细集料的级配曲线,必要时应采用两种不同级配规律的细集料掺配。

严格控制混合料的矿料规格,以便于混合料生产过程中严格按照试验确定的级配曲线,规定各档矿料的比例。矿料的单一粒径备料原则上指超粒径的含量不大于5%~10%。在实际工程中,对于4.75mm以上的碎石,应采用单一粒径筛分机进行备料、筛分,且选择适宜筛孔的筛子。

3.8.2 公称最大粒径为19mm、26.5mm和31.5mm的无机结合料稳定碎石或砾石的备料规格宜符合表3.8.2的规定。

表3.8.2 不同粒径混合料的备料规格

公称最大粒径(mm)	类 型	一档	二档	三档	四档	五档	六档
19	三档备料	XG3	G11	G8	—	—	—
	四档备料Ⅰ	XG2	XG1	G11	G8	—	—
	四档备料Ⅱ	XG3	G11	G9	G5	—	—
	四档备料Ⅲ[a]	XG3(1)	XG3(2)	G11	G8	—	—
	五档备料Ⅰ	XG2	XG1	G11	G9	G5	—
	五档备料Ⅱ[a]	XG3(1)	XG3(2)	G11	G9	G5	—
26.5	四档备料	XG3	G11	G8	G3	—	—
	五档备料Ⅰ	XG3	G11	G9	G5	G3	—
	五档备料Ⅱ	XG2	XG1	G11	G8	G3	—
	五档备料Ⅲ[a]	XG3(1)	XG3(2)	G11	G8	G3	—
	六档备料Ⅰ	XG2	XG1	G11	G9	G5	G3
	六档备料Ⅱ[a]	XG3(1)	XG3(2)	G11	G9	G5	G3
31.5	四档备料	XG3	G11	G8	G2	—	—
	五档备料Ⅰ	XG3	G11	G9	G5	G2	—
	五档备料Ⅱ	XG3	G11	G9	G4	G2	—
	五档备料Ⅲ[a]	XG3(1)	XG3(2)	G11	G8	G2	—
	六档备料Ⅰ	XG2	XG1	G11	G9	G5	G2
	六档备料Ⅱ[a]	XG3(1)	XG3(2)	G11	G9	G5	G2

注:[a] 表中XG3(1)和XG3(2)为两种不同级配规律的0~5mm的细集料。

3.8.3 用于二级及二级以上公路基层和底基层的级配碎石或砾石,应由不少于 4 种规格的材料掺配而成。

3.8.4　天然材料用于高速公路和一级公路的基层时,应筛分成表 3.6.2 中规定的规格,并按表 3.8.2 中的备料规格进行掺配。天然材料的规格不满足设计级配的要求时,可掺配一定比例的碎石或轧碎砾石。

3.8.5　级配碎石或砾石类材料中宜掺加石屑、粗砂等材料。

3.8.6　级配碎石或砾石细集料的塑性指数应不大于 12。不满足要求时,可加石灰、无塑性的砂或石屑掺配处理。

4 混合料组成设计

与原规范相比,在混合料组成设计方面,本细则增补、完善的下述内容:

(1)提出采用间断、密实型的级配构成原理,改进无机结合料稳定级配碎石或砾石等材料的级配设计方法。

(2)增补了水泥粉煤灰稳定材料的技术要求。

(3)补充、完善了级配碎石的材料设计和施工工艺要求。

(4)调整了无机结合料稳定材料的强度标准,增加了目标配合比和生产配合比的设计内容与要求。

4.1 一般规定

4.1.1 混合料组成设计应按设计要求,选择技术经济合理的混合料类型和配合比。

一般来说,设计规范是上位规范,施工规范或细则是下位规范,施工规范或细则应按照设计规范提出的技术要求执行。在我国现行的路面设计规范中,规定了基层、底基层材料的设计模量和弯拉强度等技术指标,但这些指标并不是材料施工过程中的质量控制指标,这样就造成设计与施工脱节的问题。

为了解决这个问题,使施工的基层、底基层满足设计要求,本细则所涉及的材料组成设计应以设计规范中的技术要求为基准,特别对于目前我国应用最多的无机结合料稳定材料。

这里首先需要澄清一点,无机结合料稳定材料 7d 无侧限抗压强度不是其设计要求,因为它不是路面结构设计指标的基本参数,它仅是施工质量控制与评价的指标。其次,进行完整的无机结合料稳定材料的组成设计,并非当前工程界普遍认识的简单的强度设计。在评价一种无机结合料稳定材料的技术性能时,不仅需要进行强度试验,而且需要测定其模量、疲劳性能、抗冲刷性、抗收缩性以及抗冻性(对于冰冻地区)。通过综合评价,选择、确定符合实际工程需要的最佳混合料类型和配比。例如,"七五"、"八五"期间的研究成果表明:无机结合料稳定细粒土不适合于高速公路、一级公路的基层使用,就是通过这种多指标的综合设计研究得到的。

实践表明:无机结合料稳定材料的强度水平能够在一定程度上反映材料其他的路用性能。例如:对于同一类材料,材料的强度高,则模量水平高、疲劳寿命长、抗冲刷和抗冻能力高,而收缩性能也会呈一定规律变化。另外,无机结合料稳定材料结构层在路面中的主要作用就是承载,而强度的高低是反映承载能力大小的主要指标。因此,无机结合料稳定材料设计时,强度设计是一项重要内容。

对于同一种无机结合料稳定材料,养生龄期和条件对材料的强度有显著的影响,因此,对于无机结合料稳定材料强度的评价都是在一个标准的养生条件和龄期下。工程上经常使用7d龄期的强度水平,这主要是为了便于工程质量的评定。对于同一类的稳定材料,这个指标是可以作为材料性能好坏的初步评定标准的,但不适合于不同类型稳定材料的性能评定,例如水泥稳定类材料与石灰粉煤灰稳定类材料之间的比较。

鉴于工地试验室的条件,模量试验、疲劳试验、收缩试验、抗冲刷试验等难以在工地试验室实施。为此,对于高速公路、一级公路的工程项目,应进行理论配合比试验分析,委托有试验能力的试验检测机构,针对实际工程所使用的材料和级配进行完整的试验,综合评定混合料性能,优选合理的级配曲线,为实际工程的配合比设计提供理论基础。

根据这些试验结果,在工地试验室,试验重点应放在混合料工程级配的优化和强度水平的评定以及相关施工参数(如:延迟时间、级配范围、标定曲线、含水率)的确定等方面。

4.1.2 应根据公路等级、交通荷载等级、结构形式、材料类型等因素确定材料技术要求。

已有的研究成果和工程经验表明:为了保证基层的耐久性,提高抗冲刷能力,减少开裂,无机结合料稳定细粒土不用于高速公路、一级公路的基层。

石灰稳定材料禁止用作高速公路和一级公路的基层,其原因主要是水稳性和抗冻性不足,而且石灰土的这些不良性质比水泥稳定材料更严重。例如,在最佳含水率下制成的石灰稳定材料梁式试件,在空气中自然风干产生的最大干缩应变为 $3\,120\sim6\,030\mu$,它是各种无机结合料稳定材料中收缩性最大的材料,也是最容易受水影响产生表层软化的材料。同时,在一般公路上,也不宜采用砾石或碎石含量仅占 50% 左右的悬浮式石灰稳定材料作沥青路面的基层。因为这种混合料与石灰土比,除收缩性较小外,同样具有遇水表层易软化和抗冲刷能力差的缺点。

石灰工业废渣稳定材料,特别是二灰稳定材料,具有良好的力学性能、板体性、水稳性和一定的抗冻性,其抗冻性较石灰土高得多。石灰工业废渣的初期强度低,但随龄期的增长强度的增长幅度大。二灰稳定材料中粉煤灰用量越多,初期强度越低,3 个月龄期的强度增长幅度也越大。在二灰稳定材料中加入粒料或少量水泥可提高其早期强度,但由于干缩、温缩易产生裂缝,二灰稳定材料的收缩性小于水泥稳定材料和石灰稳定材料。在最佳含水率下用二灰稳定材料混合料制成梁式试件后,在空气中自然风干产生的最大干缩应变,二灰土为 $340\sim2\,630\mu$,密实式二灰砾石为 $233\sim273\mu$,悬浮式二灰砾石大于 827μ。因此,二灰土禁止用作高级路面的基层。

4.1.3 无机结合料稳定材料组成设计应包括原材料检验、混合料的目标配合比设计、混合料的生产配合比设计和施工参数确定四部分。

无机结合料稳定材料组成设计流程如图 4-1 所示。

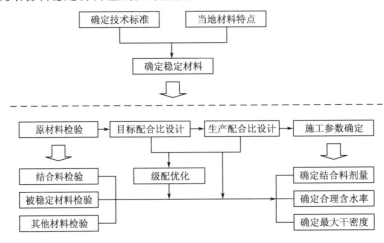

图 4-1 无机结合料稳定材料设计流程

4.1.4 原材料检验应包括结合料、被稳定材料及其他相关材料的试验。所有检测指标均应满足相关设计标准或技术文件的要求。

4.1.5 目标配合比设计应包括下列技术内容：

1 选择级配范围。
2 确定结合料类型及掺配比例。
3 验证混合料相关的设计及施工技术指标。

4.1.6 生产配合比设计应包括下列技术内容：

1 确定料仓供料比例。
2 确定水泥稳定材料的容许延迟时间。
3 确定结合料剂量的标定曲线。
4 确定混合料的最佳含水率、最大干密度。

4.1.7 施工参数确定应包括下列技术内容：

1 确定施工中结合料的剂量。
2 确定施工合理含水率及最大干密度。
3 验证混合料强度技术指标。

4.1.8 确定无机结合料稳定材料最大干密度指标时宜采用重型击实方法，也可采用振动压实方法。

重型击实法是多年来普遍使用的无机结合料稳定材料配合比试验方法，由于方法规范、设备简单，广泛应用于工程实践和科学研究。因此，此次修订仍将该方法作为确定无机结合料稳定材料最佳含水率和最大干密度的标准方法。

近些年来，国内一些省份的工程中开始使用振动压实试验方法进行以水泥稳定碎石为代表的无机结合料稳定材料的配合比设计。在本细则征求意见过程中，也有意见提出采用振动压实试验方法代替重型击实法，认为这种方法可以在较低的水泥剂量的条件下，提高混合料的强度，同时有效降低混合料的收缩裂缝。

对于这个问题需要从设计理论、试验操作、工程应用和质量管理等多方面综合考虑。对于无机结合料稳定材料的配合比设计，确定合理的最佳含水率和最大干密度是两个最终目标，其对混合料的强度高低和抗裂性能优劣有直接影响。对于实际工程,无论是采用击实试验方法,还是采用振动试验方法,最终都需要确定这两个工程参数。因此,这两个参数的合理性是评判两种试验方法合理性的直接手段。这两个参数的合理性体现在所对应材料的路用性能更好、施工和易性好等方面。如果这两种方法确定的这两个参数基本一样,则无所谓谁优谁劣。

21世纪初,国内有关单位采用压实功等效的原理,根据重型击实试验的压实功大小,设计了振动压实试验设备,并进行了相关的对比试验。表4-1为几种无机结合料稳定材料采用重型击实和振动压实两种不同的试验方法,分别确定的混合料最佳含水率和最大干密度的试验结果(数据来源于长安大学《公路半刚性基层材料多指标控制组成设计方法研究报告》)。从试验结果看,这两种方法确定的混合料最大干密度和最佳含水率总体上并没有本质上的差别。对于水泥稳定碎石类材料,振动压实得到的最佳含水率比重型击实略低0～0.8%,而最大干密度基本相当,其误差均在试验误差和工程误差范围内;对于二灰稳定碎石类材料,振动压实得到的最佳含水率反而略高于重型击实的结果,最大干密度基本相当。这说明,在击实功等效的前提下,这两种试验方法得到的结果基本相当,无所谓优劣。自然,由此分别得到的混合料强度性能、收缩性能也无所谓优劣。

表4-1 不同试验方法的最佳含水率和最大干密度的比较

指标		最佳含水率(%)			最大干密度(g/cm^3)		
类型	稳定材料用量	振动压实	重型击实	绝对误差	振动压实	重型击实	绝对误差
悬浮密实水泥碎石	4%	5.00	5.50	-0.50	2.414	2.41	0.004
	5%	5.20	5.70	-0.50	2.43	2.421	0.009
	6%	5.00	5.50	-0.50	2.435	2.423	0.012
骨架密实水泥碎石	4%	4.80	5.20	-0.40	2.415	2.41	0.005
	5%	4.80	5.00	-0.20	2.419	2.405	0.014
	6%	5.00	5.00	0.00	2.428	2.395	0.033
骨架空隙水泥碎石	6%	3.80	4.60	-0.80	2.205	2.216	-0.011
	8%	4.00	4.60	-0.60	2.212	2.221	-0.009
	10%	4.50	4.80	-0.30	2.231	2.225	0.006
悬浮密实二灰碎石	4:11:85	8.50	7.50	1.00	2.215	2.21	0.005
	9:16:75	10.00	8.50	1.50	1.93	2.15	-0.220
骨架密实二灰碎石	4:11:85	8.00	7.10	0.90	2.239	2.211	0.028

4 混合料组成设计

目前工程界之所以会产生振动压实试验结果的强度比重型击实的强度高，且水泥剂量低，裂缝又少的观点，其关键在于两个试验方法的击实功不等效——常常是振动压实功大于重型击实功。这也正是我国振动压实试验中存在的最主要问题。目前国内的振动压实的试验设备、型号很多，压实的功率和方法不统一，导致试验结果千差万别，难以纵向、横向比较。

如果将现行的重型击实试验方法的压实功提高（表4-2），混合料的最大干密度将会增大，最佳含水率将会降低，也可以实现在低水泥剂量的条件下，提高混合料强度，同时提高混合料的抗裂性能。但这将改变压实标准，而压实标准的改变将涉及一系列设计参数的改变，如抗压回弹模量、弯拉强度等，这已超出本细则修订的范围。

表4-2 不同击实功作用下，混合料得最大干密度和最佳含水率的变化

压实功提高率	水泥稳定级配碎石			水泥稳定天然砂		
	最佳含水率（%）	最大干密度（g/cm³）	干密度增加率（%）	最佳含水率（%）	最大干密度（g/cm³）	干密度增加率（%）
1	7.36	2.373 8	—	7.65	2.150 5	—
1.3	7.05	2.380 1	0.27	7.40	2.162 9	0.58
1.6	6.81	2.386 4	0.53	7.14	2.171 2	0.96
1.9	6.60	2.392 7	0.80	6.96	2.183 4	1.53
2.4	—	—	—	6.94	2.184 8	1.59
2.9	—	—	—	6.37	2.199 1	2.26
3.6	—	—	—	6.46	2.218 3	3.15
4.3	—	—	—	6.46	2.226 1	3.52

近些年国内一些工程采用非标准的振动试验方法（即压实功不等效的振动压实）进行混合料配合比设计发现，其确定的混合料的最佳含水率明显低于标准的重型击实试验方法，而最大干密度又明显大于击实试验方法，在工程应用中存在难以碾压的问题。一些施工单位和业主，在配合比设计阶段采用振动试验方法，而施工控制的指标则采用击实试验的参数，或接近击实试验的参数。这正说明振动试验方法还存在一定的应用问题。

另一方面，击实试验法是几十年来工程中普遍应用的方法，一些单位在使用过程中没有严格按照相关试验规程中的要求操作,有意或者无意间造成混合料的干密度偏低,含水率偏高的结果,导致无机结合料稳定材料的路用性能降低,过早产生这样或那样的病害。例如,试验规程中明确要求,对于一种混合料应进行两次平行的击实试验,以验证试验结果的可靠性和准确性,但是当前绝大多数工程单位(甚至监理、质检单位)没有按此操作,有的甚至拿上一个工程的数据凭经验人为修改后,在下一个工程中直接套用。

因此,当前的工程界不应简单地评价击实试验法这样或那样的不足,选择其他方法来替代,而是应严格按照试验规程中击实试验的要求去操作,认认真真、实事求是地得到准确的混合料的最佳含水率和最大干密度。

再者,几十年来,我国无机结合料稳定材料的工程和科研的试验资料都是采用重型击实试验方法得到的,若改成振动压实试验方法不利于以往成果的延续和继承。因此,此次规范修订仍采用重型击实试验方法作为确定混合料最佳含水率和最大干密度的标准试验方法。

另外,为了进一步研究、使用振动压实试验方法,《公路工程无机结合料稳定材料试验规程》(JTG E51—2009)已将振动压实试验方法纳入,其目的是使这种试验方法从设备到操作更加规范,然后通过实际工程中选择性应用,积累更多可靠的工程数据。

4.1.9 应根据当地材料的特点和混合料设计要求,通过配合比设计选择最优的工程级配。

矿料级配的选择是混合料设计中的主要内容。本细则中所列各种混合料的矿料级配是一个推荐性级配,不具有强制性,仅是为工程技术人员在混合料配合比设计中提供参考。其主要原因在于,我国幅员广阔、地方材料复杂,甚至同一地区、同一种石料,由于破碎方式、筛分的不同也会导致石料的颗粒形状及大小不同。这些都将对相同级配的混合料性能产生显著影响。因此,在细则中不应强制性规定混合料的级配曲线,而应通过具体的工程试验选择切实合理的级配。

本细则按照间断级配的原理提供参考级配,并经一些实际工程应用得到验证,具有一定的参考价值。同时在附录 A 中介绍了这种级配的构成原理和方法,可供工程技术人员在生产实践中参考应用。

4.1.10 用于基层的无机结合料稳定材料,强度满足要求时,尚宜检验其抗冲刷和抗裂性能。

强度是无机结合料稳定材料重要的技术指标,但并不意味着强度满足要求就可以用于基层。对于无机结合料稳定细粒材料,例如水泥稳定土、水泥稳定石屑,强度可以满足技术要求,但是抗冲刷性和抗裂性不足,并不适用于基层。

4.1.11 在施工过程中,材料品质或规格发生变化、结合料品种发生变化时,应重新进行材料组成设计。

4.2 强度要求

4.2.1 无机结合料稳定材料应满足本细则规定的强度要求。

本细则所涉及的强度均是7d龄期的无侧限抗压强度。无机结合料稳定材料的强度含义:首先是施工质量的控制指标,其次是与路面设计指标或参数有一定关系的指标。

材料的强度高,无疑将会提高路面结构的承载能力,对提高路面结构承载能力的耐久性,即结构的安全性有利。但是,对于无机结合料稳定材料,单纯地提高强度将会导致材料的温度收缩开裂或干湿开裂程度的增加,导致有观点认为,强度的提高是半刚性基层沥青路面非正常损坏的主要原因之一。对于这个问题需要辩证地分析。

首先,根据半刚性基层沥青路面的结构设计原理,无机结合料稳定材料层具有足够的强度,保证结构安全是必不可少的设计要求。但是当前,国内不少工程设计中,一方面担心无机结合料稳定材料的开裂问题,将其7d无侧限抗压强度降低,如基层用水泥稳定碎石的强度仅有3～4MPa;另一方面,为了适应重载交通的使用要求,在结构验算时,其抗压回弹模量取到1 400～1 700MPa。殊不知,这种低强度、高模量的水泥稳定碎石材料在自然界中并不存在。大量的试验表明,对于同一类型的水泥稳定材料,强度高,材料的回弹模量高,反之亦然。图4-2为某省几条高速公路上水泥稳定碎石材料基层现场抽样的试验结果曲线。总体来看,材料的强度高,则模量高。因此,为了适应重载交通的使用要求,保证路面结构安全的耐久性,提高无机结合料稳定材料的强度是必然的。

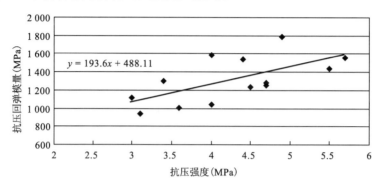

图 4-2　水泥稳定碎石材料抗压强度与抗压回弹模量的统计曲线

其次,高强度的无机结合料稳定材料结构层的非荷载型开裂的成因比较复杂,既有材料强度本身的高低因素,也有施工因素,如材料的不均匀、养生措施不合理都是导致开裂的原因。

根据无机结合料稳定材料的强度形成机理,强度的提高,一般情况下将会导致收缩性能的降低。从材料组成角度分析,无机结合料稳定材料一般由无机结合料和被稳定材料两类组成,对于无机结合料稳定中、粗粒材料(如水泥稳定碎石材料),被稳定材料的矿料级配设计对混合料收缩性能的影响不可忽视,因此,本细则提出,在实际工程中提高无机结合料稳定材料(主要是中、粗粒材料)的强度,首先是优选混合料的矿料级配,其次才是适当增加无机结合料的剂量。

降低混合料的变异性,在工程实施过程中就要改善现有的施工工艺,保证混合料的拌和、摊铺的均匀性。材料往往是在其薄弱位置首先开裂,减少材料的薄弱位置,保证其均匀性,是减少无机结合料稳定材料开裂的工艺要求。对此,本细则在相关条款中均提出了相应的技术要求。

此外,养生条件和措施对无机结合料稳定材料的开裂十分重要。某工程水泥稳定碎石基层的 7d 无侧限抗压强度水平达到 6~7MPa,施工结束后采用土工布覆盖洒水养生,7d 后打开土工布,基层顶面没有任何裂缝,但是此后没有再进行正常养生,不久就产生了间距 10~20m 的横向裂缝。因此,加强养生是减少高强度无机结合料稳定材料裂缝的有效措施,对此本细则也有相应的要求。

最后,将无机结合料稳定材料的强度水平高与路面结构的非正常损坏挂钩并不合理。沥青路面非正常损坏的成因是多方面的,由于沥青面层贯通性的横向裂缝引起的唧浆类的水损坏仅仅是其中之一,而且这种类型横向裂缝是否一定是由于半刚性基层引起的反射裂缝,是值得商榷的。当前我国高速公路沥青面层的厚度大多不低于18cm,根据英国、澳大利亚等国家的研究表明,这么厚的沥青面层几乎不产生所谓的反射裂缝。2007～2010年,交通运输部公路科学研究院对北京、河北、山西、陕西、湖北、广东等省份沥青路面横向裂缝开展现场调研、钻芯分析认为,属于所谓"反射裂缝"的比例平均仅占沥青面层横向裂缝的20%～30%,其余大部分为温度型裂缝和路基不均匀沉陷引起的。

进一步分析实际工程中沥青面层反射裂缝的成因,大体分为两部分:一是在沥青面层铺筑以前就已经产生的裂缝,另一个是在铺设沥青面层后,在使用过程中逐步产生的裂缝。对于前者,可以类比水泥路面的沥青路面罩面工程,只要基层的整体承载能力满足要求,只要上层沥青面层的设计完善,既有的基层裂缝并不必过度关注。对于后者,由于基层上有足够厚度的沥青面层保护,无机结合料稳定材料的温缩、干缩问题不再突出。总之,没有必要担心提高强度后,对沥青面层反射裂缝、非正常损坏的影响。

相反,大量的实际工程和室内试验表明,对与半刚性基层沥青路面,基层强度低,将不利于改善沥青面层与半刚性基层的层间结合,不利于基层整体性的形成,更容易导致路面结构的非正常损坏。

综上所述,为了提高沥青路面结构的耐久性,根据不同交通荷载的使用要求,提高无机结合料稳定材料的强度是合理的。与此同时,完善沥青面层结构设计、改进施工工艺、加强半刚性基层和底基层的施工质量控制与管理,是充分发挥高强度半刚性基层技术效果不可或缺的几个方面。

4.2.2 应采用7d龄期无侧限抗压强度作为无机结合料稳定材料施工质量控制的主要指标。

7d龄期无侧限抗压强度作为施工期间无机结合料稳定材料质量控制和评价的主要指标,具有相对性、绝对性和即时性的特点。所谓的相对性,这个强度是根据混合料的级配特点、路用性能要求等因素综合确定的,脱离了这些条件,讨论材料的7d强度高低是没有意义的。不同类型的无机结合料稳定材料在相同的使用要求下(如位于同一个结构层位)有不同的强度水平要求,是根据这种材料的强度形成特点所决定的。一般来说,水泥稳定类材料的7d龄期无侧限抗压强度远远高于石灰粉煤灰稳定材料,并不意味着后者在使用过程中的强度水平低,恰恰相反,大量的工程实践表明,石灰粉煤灰稳定材料的长期强度并不低于水泥稳定材料。

所谓的绝对性是指,根据以往的大量试验和工程经验可知,在满足这些条件的情况下,根据材料的7d龄期无侧限抗压强度水平高低可以预测材料在长期使用环境下路用水平的好坏。对于同一类稳定材料,7d龄期无侧限抗压强度水平越高,其后期的强度水平越高。具体内容可参见"六五"至"八五"交通部有关的科研成果。

为了便于施工质量的过程化控制,无机结合料稳定材料强度的养生龄期选择为7d,而不是像水泥混凝土养生28d,这与国外大多数同类材料的养生龄期相同,这就是该指标即时性的体现。有些工程技术人员提出,由于石灰粉煤灰稳定材料的早期强度增长较慢,建议采用14d或28d龄期的无侧限抗压强度替代7d的强度。应该说,单纯从强度试验来说,这样处理未尝不可,但是强度龄期的增加不利于施工质量的过程化控制,同时,尽管石灰粉煤灰稳定材料的强度较低,但也是可以可靠测量的,因此,延长龄期并没有实际意义,反而会导致试验资料的混乱。

需要指出的是,在沥青路面设计中使用的强度指标为:水泥稳定类材料90d龄期的弯拉强度和石灰稳定类、石灰粉煤灰稳定类材料180d龄期的弯拉强度。根据"六五"、"七五"、"八五"相关研究成果以及"沥青路面多指标设计体系研究"项目的研究成果,对于无机结合料稳定材料而言,相同龄期条件下,抗压强度与弯拉强度的比值一般为4~5,同时考虑到无机结合料稳定材料养生龄期的影响,经统计分析,对于水泥稳定类材料,7d龄期的无侧限抗压强度与90d龄期的弯拉强度比值为3.6;对于石灰粉煤灰稳定类材料,7d龄期的无侧限抗压强度与180d龄期的弯拉强度比值为1.0左右,该数值可作为设计的参考值。但是,对于高速公路工程,仍建议设计单位自己做试验,确定相应无机结合料稳定材料的设计强度和模量水平以及相应的施工控制强度水平。

4.2.3 高速公路和一级公路应验证所用材料的7d龄期无侧限抗压强度与90d或180d龄期弯拉强度的关系。

4.2.4 水泥稳定材料的7d龄期无侧限抗压强度标准 R_d 应符合表4.2.4的规定。

表4.2.4 水泥稳定材料的7d龄期无侧限抗压强度标准 R_d（MPa）

结 构 层	公 路 等 级	极重、特重交通	重交通	中、轻交通
基层	高速公路和一级公路	5.0~7.0	4.0~6.0	3.0~5.0
	二级及二级以下公路	4.0~6.0	3.0~5.0	2.0~4.0
底基层	高速公路和一级公路	3.0~5.0	2.5~4.5	2.0~4.0
	二级及二级以下公路	2.5~4.5	2.0~4.0	1.0~3.0

注：1. 公路等级高或交通荷载等级高或结构安全性要求高时，推荐取上限强度标准。
    2. 表中强度标准指的是7d龄期无侧限抗压强度的代表值，本节以下各表同。

从1986年版《柔性路面设计规范》至今，近三十年来，水泥稳定材料的7d龄期无侧限抗压强度水平几经变化，反映出不同阶段路面使用要求的变化。早期，根据国外经验和有关试验结果确定了水泥稳定材料的强度为3~4MPa，随着交通荷载的增加，要求提高半刚性基层沥青路面结构的承载能力和耐久性，2000年颁布的《公路路面基层施工技术规范》（JTJ 034—2000）将其强度范围提高至3~5MPa，并指出对于重载交通宜取上限。

2000年前后，我国不少地区出现了沥青路面非正常损坏，其中有一种认识，将这些损坏归结于半刚性基层的强度过高，导致产生大量的反射裂缝，进而引发沥青路面的水损坏。因此，在2006年版的《公路沥青路面设计规范》（JTG D50—2006）中，将水泥稳定材料的强度水平降低，并设定了强制性的上限，如不能大于4.5MPa。根据前文的条款释疑可知，这种认识是片面的，这种做法无疑将损伤路面结构的整体安全性。

2006年，沙庆林院士在研究长寿命重载交通半刚性基层沥青路面结构时，首次突破水泥稳定碎石材料5MPa上限的约束，使之达到6MPa的水平，之后，交通运输部公路科学研究院在河北、广东、内蒙古等地修筑的水泥稳定级配碎石结构层也按这种强度水平设计和施工质量控制，取得良好效果。试验证明，只有7d龄期无侧限抗压强度达到这样的水平，才能满足沥青路面结构设计中相应材料模量和弯拉强度的要求。

因此,本细则按照无机结合料稳定材料的路用功能要求,重新调整了7d龄期无侧限抗压强度的技术要求,均有显著的提高。

另外,在相同荷载水平下,由于高速公路和一级公路的安全等级要求,即可靠度水平要求高于二级和二级以下公路,因此其材料的强度标准也高于后者。在实际工程中,为了科学的质量控制与管理,应在给定的强度范围内选择一个合理的数值,作为控制标准。例如:表4.2.4中,高速公路和一级公路极重、特重交通的基层材料强度要求范围为5~7MPa,可选择强度标准6.0MPa。再者,当公路等级和交通荷载等级分类相同时,应依据实际工程的公路等级和交通荷载水平选择合理的强度数值,公路等级越高、交通荷载水平越大,则强度标准越高。

在表4.2.4中,相同公路等级范围的水泥稳定材料在不同交通荷载条件下的设计强度推荐标准范围存在一定的重合,主要是考虑结构安全等级、公路等级以及荷载水平差异等原因(表4.2.6和表4.2.7也一样)。例如:高速公路和一级公路在极重、特重交通情况下强度范围为5~7MPa,而重交通情况下强度范围为4~6MPa,强度5~6MPa为重合范围,因此在实际工程可能会出现这种现象:特重交通水平条件下一级公路的水泥稳定材料强度标准与重交通水平条件下高速公路的强度水平一致,甚至,前者小于后者。

在相同公路等级、相同交通荷载等级的条件下,同一类型稳定材料的基层强度高于底基层的强度。这是由交通荷载在路面结构内部传递特性所决定的。

相同类型的材料强度标准没有区分稳定材料的粒径类型。强度标准中没有区分稳定中、粗粒料和细粒土。例如:当水泥稳定类材料的强度标准为3MPa时,水泥稳定中、粗粒料和水泥稳定细粒土都可能达到这个标准。在广东等省份,为了保证底基层的耐久性,提出高速公路的底基层需采用水泥稳定碎石,代替以往使用的水泥稳定石屑(尽管其强度满足要求)。在实际工程中,哪种材料可用于基层、哪种材料可用于底基层,还需要通过抗冲刷性、抗裂性等指标综合确定。

4.2.5 碾压贫混凝土应符合下列规定:

1 7d龄期无侧限抗压强度应不低于7MPa,且宜不高于10MPa。

2 水泥剂量宜不大于13%。

3 需要提高材料强度时,应优化混合料级配,并验证混合料收缩性能、弯拉强度和模量等指标。

碾压贫混凝土的7d龄期无侧限抗压强度标准下限为7MPa,这正好与水泥稳定材料7d龄期无侧限抗压强度7MPa的上限相衔接。这个界限是一个经验的指标,是为了便于工程应用而设定的一个参数。

一般情况下,水泥剂量大于13%时,其强度水平仍不能满足要求,说明这种原材料或者级配不适合生产碾压贫混凝土,继续增加水泥剂量,其经济性不佳。如需进一步增加水泥剂量、提高强度,按条文第3款要求,首先优化混合料级配,然后全面验证混合料的技术性能。

另外,碾压贫混凝土强度试验的标准试件尺寸与无机结合料稳定中、粗粒材料相同,均为1:1的圆柱形试件,其目的是为了便于工地试验室的操作。

4.2.6 石灰粉煤灰稳定材料的7d龄期无侧限抗压强度标准 R_d 应符合表4.2.6的规定,其他工业废渣稳定材料宜参照此标准。

表4.2.6 石灰粉煤灰稳定材料的7d龄期无侧限抗压强度标准 R_d (MPa)

结 构 层	公路等级	极重、特重交通	重交通	中、轻交通
基层	高速公路和一级公路	≥1.1	≥1.0	≥0.9
	二级及二级以下公路	≥0.9	≥0.8	≥0.7
底基层	高速公路和一级公路	≥0.8	≥0.7	≥0.6
	二级及二级以下公路	≥0.7	≥0.6	≥0.5

注:石灰粉煤灰稳定材料强度不满足表4.2.6的要求时,可外加混合料质量1%~2%的水泥。

4.2.7 水泥粉煤灰稳定材料的7d龄期无侧限抗压强度标准 R_d 应符合表4.2.7的规定。

表4.2.7 水泥粉煤灰稳定材料的7d龄期无侧限抗压强度标准 R_d (MPa)

结 构 层	公路等级	极重、特重交通	重交通	中、轻交通
基层	高速公路和一级公路	4.0~5.0	3.5~4.5	3.0~4.0
	二级及二级以下公路	3.5~4.5	3.0~4.0	2.5~3.5
底基层	高速公路和一级公路	2.5~3.5	2.0~3.0	1.5~2.5
	二级及二级以下公路	2.0~3.0	1.5~2.5	1.0~2.0

表4-3为一组水泥粉煤灰级配碎石不同龄期条件下的无侧限抗压强度试验结果的汇总,水泥、粉煤灰和集料的比例分别为:4:12:84、4:16:80和4:20:76三种情

况。在这个试验条件下,三种水泥粉煤灰稳定碎石的7d龄期无侧限抗压强度代表值为2.8~3.5MPa,与一般的水泥稳定碎石相比,强度略低,但是明显高于石灰粉煤灰稳定级配碎石。但随着龄期的增加,水泥粉煤灰稳定级配碎石的强度逐渐增加(图4-3),最后可以形成足够的强度以满足路面结构承载能力的要求。

表4-3 三组水泥粉煤灰稳定级配碎石的强度试验结果

龄期(d)	4:12:84			4:16:80			4:20:76		
	平均值(MPa)	变异系数(%)	代表值(MPa)	平均值(MPa)	变异系数(%)	代表值(MPa)	平均值(MPa)	变异系数(%)	代表值(MPa)
7	4.28	10.61	3.53	3.98	12.21	3.18	3.86	16.15	2.83
90	7.29	11.69	5.59	7.49	11.28	5.80	7.14	8.37	5.94
270	9.62	12.53	7.21	9.54	8.83	7.86	10.02	9.10	8.19
360	13.35	5.16	11.97	11.90	13.24	8.75	11.09	12.20	8.38

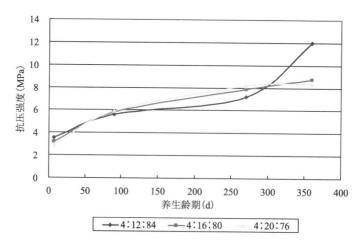

图4-3 水泥粉煤灰稳定级配碎石强度增长曲线

表4-4为水泥稳定材料、石灰粉煤灰稳定材料和水泥粉煤灰稳定材料等三类无机结合料稳定材料强度增长比较表,以7d龄期无侧限抗压强度作为基准,分别计算龄期30d、90d、180d、270d和360d的强度系数。从90d的强度系数看,水泥粉煤灰稳定碎石的强度系数比较接近于水泥稳定材料类,而低于石灰粉煤灰稳定材料的强度系数范围;再者从360d的强度系数看,水泥粉煤灰稳定碎石的强度有所增加,但增加的幅度并不大,明显低于石灰粉煤灰稳定材料180d的强度增长率。

说明水泥粉煤灰稳定材料强度增长较快,近似于水泥稳定类材料。因此,在路面结构承载能力分析中,水泥粉煤灰稳定材料力学参数的龄期应与水泥稳定材料一致,取90d。

表4-4 不同无机结合料稳定材料强度增长比较表

龄期 (d)	水泥砾石	水泥土	水泥石灰土	二灰矿渣	二灰砾石	二灰土	水泥粉煤 灰碎石
7	1	1	1	1	1	1	1
30	1.47~2.50	1.20~1.51	1.43~1.69	1.42~1.92	2.52~2.96	1.45~3.68	—
90	2.02~3.10	1.95~2.12	1.54~2.92	1.74~2.52	2.66~9.10	3.02~5.63	1.58~2.10
180	2.19~4.03	—	—	—	8.03~14.9	4.96~6.50	—
270	—	—	—	—	—	—	2.04~2.89
360	—	—	—	—	—	—	2.75~3.39

4.2.8 石灰稳定材料的7d龄期无侧限抗压强度标准 R_d 应符合表4.2.8的规定。

表4.2.8 石灰稳定材料的7d龄期无侧限抗压强度标准 R_d(MPa)

结构层	高速公路和一级公路	二级及二级以下公路
基层	—	≥0.8[a]
底基层	≥0.8	0.5~0.7[b]

注:石灰土强度达不到表4.2.8规定的抗压强度标准时,可添加部分水泥,或改用另一种土。塑性指数过小的土,不宜用石灰稳定,宜改用水泥稳定。
[a] 在低塑性材料(塑性指数小于7)地区,石灰稳定砾石土和碎石土的7d龄期无侧限抗压强度应大于0.5MPa(100g平衡锥测液限)。
[b] 低限用于塑性指数小于7的黏性土,且低限值宜仅用于二级以下公路。高限用于塑性指数大于7的黏性土。

如石灰土混合料的强度达不到表4.2.8规定的抗压强度标准,应添加部分水泥,或改用另一种土。塑性指数过小的土,通常不适宜用石灰稳定,宜改用水泥稳定。

4.2.9 水泥稳定类材料强度要求较高时,宜采取控制原材料技术指标和优化级配设计等措施,不宜单纯通过增加水泥剂量来提高材料强度。

本细则修订中,水泥稳定材料的强度有明显提高。影响水泥稳定材料强度的因素是多方面的,不仅仅是水泥剂量的多少。在实际工程中,为了有效提高水泥稳定材料的强度,应综合原材料技术要求、混合料矿料级配优化、水泥品种和剂量的合理选择等多方面因素,通过完善的试验比较,选择最佳的技术对策,从抗裂性和经济性出发,不可单纯依赖提高水泥剂量实现提高强度的目的。

例如:对相同级配、相同水泥品种和剂量,采用反击破碎的碎石和一般破碎的碎石,两种混合料的强度可相差20%~30%。

4.2.10 石灰稳定砾石土或碎石土材料可仅对其中公称最大粒径小于4.75mm的石灰土进行7d龄期无侧限抗压强度验证,且无侧限抗压强度应不小于0.8MPa。

由于石灰稳定砾石土或碎石土的7d龄期无侧限抗压强度往往较小,而实际道路路面的承载能力却并不差,为便于做试验,可仅对石灰土做组成设计,此时石灰土的7d龄期无侧限抗压强度应大于0.8MPa。在选定配合比后,应再做石灰土集料的7d龄期无侧限抗压强度试验,以积累资料。在确定石灰砾石(或碎石)土的计算回弹模量和强度时,也应用选定配合比的石灰集料土混合料制备试件。

4.3 强度试验及计算

4.3.1 强度试验时,应按现场压实度标准采用静压法成型试件。

材料的压实方法和压实度水平对混合料强度试验结果的大小有显著影响,有必要规范这些条件。在强度试验的试件成型时,应按现场压实度标准折算混合料的干密度,并计算强度试验的混合料质量,而不应直接采用击实试验确定的混合料最大干密度。

近年来,有工程提出采用振动成型或旋转压实的方法成型试件。在压实度、含水率、密度都一样的条件下,采用静压法和振动法或旋转压实法成型的试件体积指标理论上应该一致,但是由于成型方法变化导致材料颗粒排列规律差异,会对材料的强度水平产生影响。为保证材料强度水平评价的一致性和连续性,本细则仍采用静压法成型。这也便于大多数工地试验室的操作。

4.3.2 强度试验试件的径高比应为1:1。无机结合料稳定细粒材料的试件直径应为100mm,无机结合料稳定中、粗粒材料的试件直径应为150mm。

包括各类水泥稳定材料在内的各种路面材料的无侧限抗压强度的大小都存在尺寸效应,也就是相同的材料,不同的试件尺寸,其测定的强度水平是不同的。表4-5为三种不同类型的水泥稳定级配碎石材料分别按照10cm×10cm和15cm×15cm两种试件尺寸测定的7d无侧限抗压强度结果。由此看出,相同材料类型10cm×10cm试件的强度明显高于15cm×15cm的试件。

表4-5 不同试件尺寸混合料7d抗压强度试验结果

混合料类型	10cm×10cm			15cm×15cm		
	平均值（MPa）	变异系数（%）	代表值（MPa）	平均值（MPa）	变异系数（%）	代表值（MPa）
A	7.29	11.69	5.59	5.22	16.02	3.55
B	7.49	11.28	5.80	5.24	13.26	3.85
C	7.14	8.37	5.94	5.88	9.04	4.81

按照现行的无机结合料试验规程要求,无机结合料稳定细粒材料(如:稳定土),可采用5cm×5cm或10cm×10cm的圆柱形试件,无机结合料稳定中、粗粒材料(如:稳定碎石或砾石)可采用10cm×10cm或15cm×15cm圆柱形试件。为了规避尺寸效应的影响,本细则规范了强度试验时试件尺寸的要求。

由于养生温度对无机结合料稳定材料的强度影响很大,原本不合格的材料,可能因为养生温度过高而变得合格;原本合格的材料,也可能因为养生温度过低而被认为是不合格。因此,必须在规定的温度下对试件进行养生,在热天可用窗式空调机调节封闭养生室的温度;在冷天可用空调机或用电炉加温度控制器调节温度。

在养生期间,应保持试件的含水率,含水率的变化幅度不应超过《公路工程无机结合料稳定材料试验规程》(JTG E51)所容许的值,可用密封水箱进行保湿养生,或在湿度达95%的保温室中养生。

4.3.3 强度试验时,平行试验的最少试件数量应符合表4.3.3的规定。试验结果的变异系数大于表中规定值时,应重做试验或增加试件数量。

表4.3.3 平行试验的最少试件数量

材料类型	变异系数要求		
	<10%	10%~15%	15%~20%
细粒材料[a]	6	9	—
中粒材料[b]	6	9	13
粗粒材料[c]	—	9	13

注：[a] 公称最大粒径小于16mm的材料。
　　[b] 公称最大粒径不小于16mm，且小于26.5mm的材料。
　　[c] 公称最大粒径不小于26.5mm的材料。

最少试件数量 n 与试验结果的变异性（以变异系数 C_v 表示）、平均值的容许误差 e 和要求的可靠度（或概率）有关，并可按下式计算：

$$n = (t_{1-\alpha/2} C_v e)^2 \tag{4-1}$$

式中：$t_{1-\alpha/2}$——与要求可靠度 α 有关的系数，它是 t 分布表中与 α 和自由度 $v(=n-1)$ 有关的分位值。

由于 t 分布表中的分位值与 n 有关，需事先假设一个 n_1 值，查 t 分布表中的 $t_{1-\alpha/2}$ 值，并用式(4-1)计算得 n。如 n_1 不等于 n，则需重新假定一个 n_2 值，再查 t 分布表中的分位值并计算得 n，直到假定的 n_1 与计算得的 n 相等为止。为简单起见，可先用正态分布表中相同概率的分位值 $Z_{1-\alpha/2}$（90%概率时，$Z_{1-\alpha/2}=1.654$；95%概率时，$Z_{1-\alpha/2}=1.96$）代入上式计算得 n_1 值，然后再加2（90%概率为主）或3（95%概率为主），即可得要求的试件数量。

表4.3.3中的最少试件数量是采用容许误差10%和90%概率得出的。

例如：当变异系数 $C_v=15\%$ 时，经验法推算，

$n = (Z_{1-\alpha/2} \times C_v \times e)^2 = (1.645 \times 15 \times 10\%)^2 = 6.1$，取整即 $n=7$，再加2或3即为试验数量，因此试验数量为 $n=9$ 或10。

验证：

当 $n=9$ 时，$t_{0.05}=1.833$，$n=(t_{1-\alpha/2} \times C_v \times e)^2 = (1.833 \times 15 \times 10\%)^2 = 7.6$，取整得 $n=8$。

当 $n=10$ 时，$t_{0.05}=1.812$，$n=(t_{1-\alpha/2} \times C_v \times e)^2 = (1.812 \times 15 \times 10\%)^2 = 7.4$，

取整 $n=8$。

因此,需最小试验数为 9。

当变异系数 $C_v = 20\%$ 时,经验法推算,

$$n = (Z_{1-\alpha/2} \times C_v \times e)^2 = (1.645 \times 20 \times 10\%)^2 = 10.8$$,取整即 $n=11$,再加 2 或 3 即为试验数量,因此试验数量为 $n=13$ 或 14。

验证:

当 $n=13$ 时,$t_{0.05} = 1.771$,$n = (t_{1-\alpha/2} \times C_v \times e)^2 = (1.771 \times 20 \times 10\%)^2 = 12.5$,取整得 $n=13$。

当 $n=14$ 时,$t_{0.05} = 1.761$,$n = (t_{1-\alpha/2} \times C_v \times e)^2 = (1.761 \times 20 \times 10\%)^2 = 12.4$,取整 $n=13$。

因此,需最小试验数为 13。

4.3.4 根据试验结果,应按式(4.3.4)计算强度代表值 R_d^0。

$$R_d^0 = \overline{R} \cdot (1 - Z_\alpha C_v) \tag{4.3.4}$$

式中:Z_α——标准正态分布表中随保证率或置信度 α 而变的系数,高速公路和一级公路应取保证率 95%,即 $Z_\alpha = 1.645$;二级及二级以下公路应取保证率 90%,即 $Z_\alpha = 1.282$;

$\overline{R}$——一组试验的强度平均值;

C_v——一组试验的强度变异系数。

施工水平高,材料均匀性好,强度变异水平低,则在较低的强度均值水平下,即可满足设计要求。否则,强度变异水平过大,为了达到设计要求,则需要较高的强度均值。强度变异水平高尽管也可满足设计要求,但由于均匀性差,对提高这种材料整体的质量水平是不利的。不仅容易造成路面开裂,而且在一些强度薄弱的位置,易导致路面的局部损坏。

强度代表值包含了均值和变异系数两个概念,是在一定安全系数(保证率)情况下的工程质量控制参数或指标。实际工程中采用单一的强度标准进行质量控制,并不意味着不控制实际工程中材料强度水平的上下限,或者一味追求高强度。平均值反映混合料强度的平均水平,变异系数反映混合料强度水平的差异性,将两者结合在一起,以一定概率水平(或保证率)的代表值来综合反映混合料强度的平

均水平和施工差异性。如果简单地规定某个强度上限指标,从科学概念和工程管理角度来说都是不合适的。

近些年来,有些地方或工程为了减少半刚性基层的裂缝,不愿意强度过高,甚至设定明确的上限。例如:某工程水泥稳定碎石的设计强度标准为4.5MPa,同时规定强度不能大于6MPa。那么,这个6MPa是一个什么概念呢?是平均值呢、强度的代表值呢?还是某一次质量抽检获得的某一个样本值(相当于极值)?

如果是平均值概念,表明在质量抽检过程中每组样本的平均值不能大于6MPa,这样并不能有效控制工程质量。首先"平均值"在工程可靠性上仅有50%的可靠性,用于强度的质量控制明显不够;其次,假如有两组(A和B)抽检数据,强度的平均值均为6MPa,但A组的变异系数为10%,B组的变异系数为15%,从变异系数角度看,A组所反映的路段施工均匀性明显好于B组所代表的路段,由此计算出两个路段的强度代表值(95%概率水平),A组为5.0MPa,B组为4.5MPa。显然,A组整体上强度高,但强度均匀(变异系数小),B组整体上强度低,但强度均匀较差(变异系数大),在今后的使用过程中,A组所代表的路段的使用性能将会明显好于B组所代表的路段,包括反射裂缝都将会明显减少,因为从目前的调查情况看,半刚性基层上较多反射裂缝的产生并不主要是由于强度高,而是强度的均匀性太差。

如果是代表值的概念,则更没有必要,正如上文所说,高强度、低变异的半刚性基层比低强度、高变异的半刚性基层使用性能要好得多。高强度、高变异是现在所担心的事情,一方面施工单位担心强度不合格,多掺加水泥,使得混合料的强度均值水平较高,另一方面又不重视施工环节的质量管理和控制,施工的变异性很大。对于这个问题,仅仅靠一个强度数值是难以控制的。

如果是某一次质量抽检获得的某一个样本值(相当于极值),在统计概念上属于小概率事件,一个偶然现象作为评判整个路段或某一个路段的强度是否合格,是不合理的。

总之,设定强度上限并不利于水泥稳定材料的质量控制。表4.2.4中规定的强度范围,是推荐性的,在实际工程根据具体情况可以调整,一般是往上调整。

为了满足重载交通的使用环境和路面结构耐久性的使用要求,表4.2.4中的强度标准比原规范有明显的提高。强度的提高对提高路面结构的承载能力,和路面结构的安全性、耐久性是有利的。但另一方面要更严格地控制原材料的质量和混合料的拌和、摊铺、碾压以及养生等各个环节的工艺操作和质量,减少材料的温度裂缝或干缩裂缝。

4.3.5 强度数据处理时,宜按3倍标准差的标准剔除异常数值,且同一组试验样本异常值剔除应不多于2个。

4.3.6 强度代表值 R_d^0 应不小于强度标准值 R_d,见式(4.3.6)。当 $R_d^0 < R_d$ 时,应重新进行配合比试验。

$$R_d^0 \geq R_d \qquad (4.3.6)$$

原规范强度的表达式为: $\bar{R} \geq \dfrac{R_d}{1 - Z_\alpha C_v}$,为了便于工程理解调整为本细则的表达式。式(4.3.6)就是观测值的下波动限 $\bar{R} - Z_{\alpha/2} S$。

4.4 无机结合料的计算和比例

4.4.1 水泥稳定材料的水泥剂量应以水泥质量占全部干燥被稳定材料质量的百分率表示。

在工程中,有两种结合料剂量的表示方法:一种是外掺法,一种是内掺法。外掺法剂量就是结合料的质量与被稳定材料质量的比值,例如:工程上通常所说的水泥稳定碎石中的5%水泥剂量,就是外掺法的计算表示。内掺法剂量就是结合料的质量与总体混合料质量的比值,例如:工程上二灰碎石中二灰剂量的表示采用内掺法。通常,单结合料稳定材料剂量(如水泥稳定材料、石灰稳定材料),采用外掺法表示方法;多结合料稳定材料剂量(如水泥粉煤灰稳定材料、石灰粉煤灰稳定材料),采用内掺法表示方法。

注意:无论是内掺法,还是外掺法,计算时所使用的材料(结合料、被稳定材料)质量都是干质量,不含水(以下材料计算说明相同)。

4.4.2 石灰稳定材料的石灰剂量应以石灰质量占全部干燥被稳定材料质量的百分率表示。

4.4.3 石灰工业废渣混合料应采用质量配合比计算,以石灰:工业废渣:被稳定材料的质量比表示。

4.4.4 石灰粉煤灰稳定材料和石灰煤渣稳定材料比例可采用表4.4.4中的推荐值。

表4.4.4 石灰粉煤灰稳定材料和石灰煤渣稳定材料推荐比例

材料类型	材料名称	使用层位	结合料间比例	结合料与被稳定材料间比例
石灰粉煤灰	硅铝粉煤灰的石灰粉煤灰类[a]	基层或底基层	石灰:粉煤灰 = 1:2 ~ 1:9	—
	石灰粉煤灰土	基层或底基层	石灰:粉煤灰 = 1:2 ~ 1:4[b]	石灰粉煤灰:细粒材料 = 30:70[c] ~ 10:90
	石灰粉煤灰稳定级配碎石或砾石	基层	石灰:粉煤灰 = 1:2 ~ 1:4	石灰粉煤灰:被稳定材料 = 20:80 ~ 15:85[d]
石灰煤渣	石灰煤渣稳定材料	基层或底基层	石灰:煤渣 = 20:80 ~ 15:85	
	石灰煤渣土	基层或底基层	石灰:煤渣 = 1:1 ~ 1:4	石灰煤渣:细粒材料 = 1:1 ~ 1:4[e]
	石灰煤渣稳定材料	基层或底基层	石灰:煤渣:被稳定材料 = (7~9):(26~33):(67~58)	

注:[a] CaO含量为2%~6%的硅铝粉煤灰。
[b] 粉土以1:2为宜。
[c] 采用此比例时,石灰与粉煤灰之比宜为1:2~1:3。
[d] 石灰粉煤灰与粒料之比为15:85~20:80时,在混合料中,粒料形成骨架,石灰粉煤灰起填充孔隙和胶结作用。这种混合料称骨架密实式石灰粉煤灰粒料。
[e] 混合料中石灰应不少于10%,可通过试验选取强度较高的配合比。

4.4.5 水泥粉煤灰稳定材料应采用质量配合比计算,以水泥:粉煤灰:被稳定材料的质量比表示。

4.4.6 水泥粉煤灰稳定材料和水泥煤渣稳定材料比例可采用表4.4.6中的推荐值。

表4.4.6 水泥粉煤灰稳定材料和水泥煤渣稳定材料推荐比例

材料类型	材料名称	使用层位	结合料间比例	结合料与被稳定材料间比例
水泥粉煤灰	硅铝粉煤灰的水泥粉煤灰类[a]	基层或底基层	水泥:粉煤灰 = 1:3 ~ 1:9	—
	水泥粉煤灰土	基层或底基层	水泥:粉煤灰 = 1:3 ~ 1:5	水泥粉煤灰:细粒材料 = 30:70[b] ~ 10:90

续上表

材料类型	材料名称	使用层位	结合料间比例	结合料与被稳定材料间比例
水泥粉煤灰	水泥粉煤灰稳定级配碎石或砾石	基层	水泥:粉煤灰 = 1:3 ~ 1:5	水泥粉煤灰:被稳定材料 = 20:80 ~ 15:85[c]
水泥煤渣	水泥煤渣稳定材料	基层或底基层	水泥:煤渣 = 5:95 ~ 15:85	—
水泥煤渣	水泥煤渣土	基层或底基层	水泥:煤渣 = 1:2 ~ 1:5	水泥煤渣:细粒材料 = 1:2 ~ 1:5[d]
水泥煤渣	水泥煤渣稳定材料	基层或底基层	水泥:煤渣:被稳定材料 = (3~5):(26~33):(71~62)	

注:[a] CaO 含量为 2%~6% 的硅铝粉煤灰。
　　[b] 采用此比例时,水泥与粉煤灰之比宜为 1:2~1:3。
　　[c] 水泥粉煤灰与粒料之比为 15:85~20:80 时,在混合料中,粒料形成骨架,水泥粉煤灰起填充孔隙和胶结作用。
　　[d] 混合料中水泥应不少于 4%,可通过试验选取强度较高的配合比。

4.4.7　水泥、石灰综合稳定时,水泥用量占结合料总量不小于30%时,应按水泥稳定材料的技术要求进行组成设计,水泥和石灰的比例宜取 60:40、50:50 或 40:60。水泥用量占结合料总量小于30%时,应按石灰稳定材料设计。

4.5　混合料推荐级配及技术要求

4.5.1　采用水泥稳定时,被稳定材料的液限应不大于40%,塑性指数应不大于17。塑性指数大于17时,宜采用石灰稳定或用水泥和石灰综合稳定。

4.5.2　采用水泥稳定,被稳定材料中含有一定量的碎石或砾石,且小于0.6mm 的颗粒含量在30%以下时,塑性指数可大于17,且土的均匀系数应大于5。其级配可采用表4.5.2中推荐的级配范围,并应符合下列规定:

　　1　用于高速公路和一级公路的底基层时,被稳定材料的公称最大粒径应不大于31.5mm,级配宜符合表4.5.2中 C-A-1 或 C-A-2 的规定,被稳定材料中不宜含有黏性土或粉性土。

　　2　用于二级公路的基层时,级配宜符合表4.5.2中 C-A-1 的规定,被稳定材料中不宜含有黏性土或粉性土。

　　3　用于二级以下公路的基层时,级配宜符合表4.5.2中 C-A-3 的规定,被稳定材料的公称最大粒径应不大于37.5mm。

4 用于二级及二级以下公路的底基层时,级配宜符合表4.5.2中C-A4的规定,被稳定材料的公称最大粒径应不大于37.5mm。

表4.5.2 水泥稳定材料的推荐级配范围(%)

筛孔尺寸(mm)	高速公路和一级公路的底基层或二级公路的基层 C-A-1	高速公路和一级公路的底基层 C-A-2	二级以下公路的基层 C-A-3	二级及二级以下公路的底基层 C-A-4
53	—	—	100	100
37.5	100	100	90~100	—
31.5	90~100	—	—	—
26.5	—	—	66~100	—
19	67~90	—	54~100	—
9.5	45~68	—	39~100	—
4.75	29~50	50~100	28~84	50~100
2.36	18~38	—	20~70	—
1.18	—	—	14~57	—
0.6	8~22	17~100	8~47	17~100
0.075	0~7	0~30	0~30	0~50

注:表中水泥稳定材料不包括水泥稳定级配碎石或砾石。

表4.5.2中的C-A-1号级配在原规范中可用于高速公路和一级公路的基层,但该级配的范围过于宽泛,不适合当今加强基层施工质量控制的发展趋势,故此次修订,将其限定仅用于高速公路和一级公路的底基层,或二级及二级以下公路的基层、底基层。

4.5.3 采用水泥稳定,被稳定材料为粒径较均匀的砂时,宜在砂中添加适量塑性指数小于10的黏性土、石灰土或粉煤灰,加入比例应通过击实试验确定。添加粉煤灰的比例宜为20%~40%。

水泥稳定粒径较均匀的砂时,一般难于碾压密实。为解决这个问题,可在砂中添加少部分塑性指数小10的黏性土(亚砂土)或石灰土(土的塑性指数较大时)。具体选择哪种方案,需通过试验比较,应选择技术可靠、经济合理、易于实施的方案。在有粉煤灰的情况下,添加20%~40%粉煤灰的效果更好。

4 混合料组成设计

4.5.4 水泥稳定级配碎石或砾石的级配可采用表4.5.4中推荐的级配范围,并宜符合下列规定:

1 用于高速公路和一级公路时,级配宜符合表4.5.4中C-B-1、C-B-2的规定。混合料密实时也可采用C-B-3级配。C-B-1级配宜用于基层和底基层,C-B-2级配宜用于基层。

2 用于二级及二级以下公路时,级配宜符合表4.5.4中C-C-1、C-C-2、C-C-3的规定。C-C-1级配宜用于基层和底基层,C-C-2和C-C-3级配宜用于基层,C-B-3级配宜用于极重、特重交通荷载等级下的基层。

3 被稳定材料的液限宜不大于28%。

4 用于高速公路和一级公路时,被稳定材料的塑性指数宜不大于5;用于二级及二级以下公路时,宜不大于7。

表4.5.4 水泥稳定级配碎石或砾石的推荐级配范围(%)

筛孔尺寸(mm)	高速公路和一级公路			二级及二级以下公路		
	C-B-1	C-B-2	C-B-3	C-C-1	C-C-2	C-C-3
37.5	—	—	—	100	—	—
31.5	—	—	100	100~90	100	—
26.5	100	—	—	94~81	100~90	100
19	86~82	100	68~86	83~67	87~73	100~90
16	79~73	93~88	—	78~61	82~65	92~79
13.2	72~65	86~76	—	73~54	75~58	83~67
9.5	62~53	72~59	38~58	64~45	66~47	71~52
4.75	45~35	45~35	22~32	50~30	50~30	50~30
2.36	31~22	31~22	16~28	36~19	36~19	36~19
1.18	22~13	22~13	—	26~12	26~12	26~12
0.6	15~8	15~8	8~15	19~8	19~8	19~8
0.3	10~5	10~5	—	14~5	14~5	14~5
0.15	7~3	7~3	—	10~3	10~3	10~3
0.075	5~2	5~2	0~3	7~2	7~2	7~2

为了保障混合料施工的和易性,需要有效控制被稳定材料的公称最大粒径及其含量。在本细则中,对高速公路和一级公路使用的级配,将公称最大粒径与最大工程粒径合并,取消两者之间的超粒径含量,以提高混合料的均匀性。如表中的 C-B-1 级配与 C-C-2 级配均属于 25 型级配,但 C-B-1 级配取消了 31.5mm 的粒径,其 26.5mm 既是其公称最大粒径也是传统的最大工程粒径。当然,在实际工程中完全消除超粒径含量是有一定困难的,需要灵活掌握,在不影响混合料性能的前提下,允许有 2%~3% 的超粒径含量。关键在于工程管理、施工和质量控制单位,应通过严格控制原材料质量,适当调整筛孔等措施降低材料的变异性。

水泥稳定级配碎石或砾石中 0.075mm 以下的含量较高时,将影响混合料的收缩性能,容易开裂,因此,高速公路和一级公路的级配要求中,0.075mm 以下的含量的上限由 7% 降低到 5%。另一方面,为了保证混合料具有良好的抗疲劳性能,0.075mm 以下的含量不宜为零,因此,表 4.5.4 中除 C-B-3 外,其余级配的下限规定为 2%。

高速公路和一级公路的水泥稳定级配碎石或砾石的级配比二级及二级以下公路相应级配的容许波动范围要小,级配要求更严格。以 4.75mm 的通过率为例,前者容许的波动范围为 10%(即 35%~45%),后者容许的波动范围为 20%(即 30%~50%)。

水泥稳定级配碎石或砾石作为高速公路和一级公路主要的承重层,级配设计以密实防水、抗冲刷、收缩性小、强度高等要求为技术目标。然而,近些年来,水泥稳定级配碎石的概念比较混乱,有必要澄清。

首先,需要明确水泥稳定碎石或砾石不存在所谓的"骨架密实型结构"。"骨架密实结构"的概念来源于沥青混合料,由于这两种材料的矿料组成、力学性质、路用性能相差很大,水泥稳定碎石(砾石)不宜套用沥青混凝土的"骨架密实型结构"概念。

表 4-6 列出了《公路沥青路面设计规范》(JTG D50—2006)中提出的水泥稳定碎石材料的骨架密实型级配、悬浮密实型级配、沥青混合料 SMA20 型级配以及原《公路路面基层施工技术规范》(JTJ 034—2000)中水泥稳定碎石的级配。众所周知,SMA 沥青混合料是一种典型的骨架密实型矿料结构,根据级配范围可以看出

以下特点(按中值说明):混合料中 4.75mm 以上的碎石含量达到 74%,形成混合料的基本骨架,然后有 10%0.075mm 以下的矿粉以及将近 6%左右的沥青填充骨架和细集料形成的空隙,从而达到"骨架密实状态"。反观水泥稳定碎石的骨架结构的级配,其中也有 73%的碎石,可以形成一定的骨架结构,但是 0.075mm 以下的粉料却很少,只有 1.5%,即使有 6%的水泥(姑且认为水泥不水化,完全作为填料使用)仍不足以填充矿料形成的孔隙以达到密实状态。因此,可以认定,这种级配的混合料是一种骨架结构但并不密实,而混合料不密实对混合料的耐久性和路用性能将会产生严重的影响。

表 4-6 几种水泥稳定材料和 SMA 混合料级配的比较

孔径(mm)	31.5	26.5	19	16	13.2	9.5	4.75	2.36	1.18	0.6	0.3	0.15	0.075
骨架密实	100	—	68~86	—	—	38~58	22~32	16~28	—	8~15	—	—	0~3
悬浮密实	100	—	90~100	—	—	60~80	29~49	15~32	—	6~20	—	—	0~5
SMA-20	—	—	100	90~100	65~85	45~65	20~32	15~24	14~22	12~18	10~15	9~14	8~12
原规范	100	90~100	72~89	—	—	47~67	29~49	17~35	—	8~22	—	—	0~7

另外,水泥稳定类材料与沥青混合料的强度形成原理有较大差别。对于沥青混合料需要有良好的矿料级配形成一定程度的骨架密实结构,对提高其强度,改善路用性能起到显著的作用。而水泥稳定类材料,其强度主要来自于矿料本身的强度(如压碎值)、混合料的密实性以及水泥的水化作用,与级配的骨架结构本身并没有直接联系,因此,没有必要过分追求级配的骨架结构。对水泥稳定碎石或砾石材料,混合料的密实性比混合料的骨架结构更重要。

为分析水泥稳定级配碎石材料中碎石含量的合理范围,交通运输部公路科学研究院进行了一系列的相关试验。表 4-7 列出了 6 种不同碎石含量的水泥稳定碎石的级配曲线(采用相同的矿料),其 4.75mm 及其以上的碎石含量依次为 50%、55%、60%、65%、70%和 75%六种不同的水平。

表 4-7 6 种试验用水泥稳定级配碎石的级配曲线(%)

级配	31.5mm	19mm	9.5mm	4.75mm	2.36mm	0.6mm	0.075mm
U	100.0	96.6	72.6	49.6	33.7	19.5	4.7
V	100.0	94.4	67.6	44.8	30.1	17.4	4.2
W	100.0	92.3	62.7	40.0	26.5	15.3	3.7
X	100.0	90.2	57.7	35.2	22.8	13.2	3.2
Y	100.0	88.0	52.7	30.3	19.2	11.1	2.6
Z	100.0	85.9	47.7	25.5	15.5	9.0	2.1

在6%水泥剂量的条件下进行平行的力学和物理试验。首先进行重型击实试验,试验结果见表4-8。通过两次平行试验,确定了6种混合料的最佳含水率和最大干密度,并绘制相关曲线(图4-4和图4-5)。从曲线可以明显看出,随着混合料中粗集料的增加(由U级配到Z级配),混合料的最佳含水率和最大干密度并非单调变化。在W和X级配附近出现极值状态:最大干密度达到最大值,最佳含水率处于最小值。对于Y、Z级配的混合料,由于粗集料含量较高,没有足够的细集料填充空隙,难以保证混合料的密实,因此导致混合料最大干密度的下降和最佳含水率的增加。

从数据看出,随着混合料中粗集料的增加,这6种混合料最大干密度和最佳含水率存在一定的规律,最大干密度大时,最佳含水率降低,反之亦然,两者的相关系数达到85%。

因此,从击实试验结果看,对于水泥稳定级配碎石混合料级配存在一个合理的范围,粗集料不能太少,也不能太多,粗集料过多将会影响混合料的密实性。在碎石含量为60%~65%的范围内,混合料的最佳含水率最低,最大干密度最大。

表 4-8 水泥稳定碎石击实试验结果

击实试验	矿料级配	U	V	W	X	Y	Z
第一次	最佳含水率(%)	5.95	5.22	5.51	5.47	5.74	6.05
	最大干密度(g/cm³)	2.3101	2.3428	2.3510	2.3699	2.344	2.3139
第二次	最佳含水率(%)	5.84	5.64	5.55	5.12	5.50	6.04
	最大干密度(g/cm³)	2.3168	2.3137	2.3435	2.3256	2.3249	2.3138
平均	最佳含水率(%)	5.89	5.43	5.53	5.30	5.62	6.05
	最大干密度(g/cm³)	2.3135	2.3283	2.3472	2.3477	2.3345	2.3139

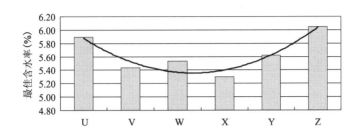

图 4-4 各级配最佳含水率汇总

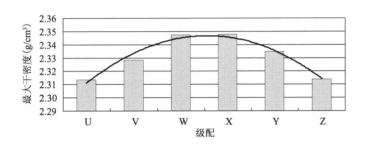

图 4-5 各级配最大干密度汇总

根据击实试验结果,这 6 种级配混合料分别按照最大干密度和最佳含水率的标准成型高度为 10cm、直径为 10cm 的圆柱形试件(压实度为 98%)(T 0843—2008),进行无侧限抗压强度试验,试件龄期分别为 7d 和 90d,试验结果见表 4-9。

表 4-9 各级配无侧限抗压强度

龄期	级配	U	V	W	X	Y	Z
7d	平均值(MPa)	4.18	4.27	4.83	4.42	3.79	3.17
	变异系数(%)	6.70	4.34	7.61	8.51	8.41	5.96
	95%保证率(MPa)	3.72	3.97	4.22	3.8	3.27	2.86
90d	平均值(MPa)	8.76	9.27	8.92	7.86	6.95	5.98
	变异系数(%)	4.81	3.66	6.47	5.70	6.81	7.91
	95%保证率(MPa)	8.06	8.71	7.97	7.12	6.18	5.2

从表中数据看到,随着混合料中粗集料含量的变化,无侧限抗压强度表现为随着粗集料增加,强度逐渐提高,达到某一个峰值后,再逐渐减小的变化趋势。对于

7d无侧限抗压强度,W级配的强度水平最高,此时的粗集料含量为60%(4.75mm的通过率为40%);对于90d的无侧限抗压强度,V级配的强度水平最高,此时的粗集料含量为55%(4.75mm的通过率为45%)。因此,从抗压强度角度看,为了达到较高的强度标准,混合料中的粗集料含量的合理范围为60%~55%。

另外,从不同粗集料含量混合料的强度水平看,在相同的水泥剂量前提下,由于级配的差异,导致混合料的强度差异较大。对于7d无侧限抗压强度,W级配混合料的试验结果分别比相邻的V级配和X级配提高6.3%和11%,比Z级配提高48%;对于90d无侧限抗压强度,V级配混合料的试验结果分别比相邻的U级配和W级配的混合料提高8.1%和9.3%,比Z级配提高67.5%。因此,严格控制混合料级配对提高混合料的无侧限抗压强度十分有利。

按照相同的成型标准,针对6种混合料分别成型长×宽×高=40cm×10cm×10cm的中梁试件(T 0844—2008),进行弯拉强度的试验测定,结果见表4-10。

表4-10 抗弯拉强度(龄期7d)

级配	U	V	W	X	Y	Z
平均值(MPa)	0.45	0.48	0.59	0.57	0.51	0.45
变异系数(%)	5.98	6.45	8.27	7.85	8.42	10.44
代表值(95%)(MPa)	0.41	0.43	0.51	0.50	0.44	0.37

弯拉强度试验结果的数据变化规律与抗压强度试验结果类似,不同粗集料含量的混合料的弯拉强度不同,在W级配和X级配附近出现弯拉强度最大值。也就是说,当粗集料含量在60%~65%之间时具有最佳的抗弯拉强度。这个级配范围与上文从抗压强度指标得到的级配范围略有差异,前者比后者的粗集料含量减少5%左右。

采用与无侧限抗压强度相同尺寸和压实标准的试件,进行6种混合料的动态和静态的抗压回弹模量的测定。试件养生龄期为90d,动态试验的荷载频率为10Hz。试验结果见表4-11。

表4-11 抗压回弹模量(龄期90d)

级配	静态模量			动态模量		
	平均值(MPa)	代表值(MPa)	变异系数(%)	平均值(MPa)	代表值(MPa)	变异系数(%)
U	1 190	1 038	7.81	1 700	1 439	9.31
V	1 149	965	9.73	1 651	1 355	10.89

4 混合料组成设计

续上表

级配	静态模量			动态模量		
	平均值（MPa）	代表值（MPa）	变异系数（%）	平均值（MPa）	代表值（MPa）	变异系数（%）
W	1 478	1 168	12.77	1 897	1 554	10.99
X	1 431	1 245	7.91	2 457	2 199	6.39
Y	1 317	1 135	8.41	1 534	1 224	12.29
Z	1 266	1 024	11.62	1 441	1 184	10.86

从抗压回弹模量角度看，随着混合料中粗集料含量的变化，动态和静态模量都随之产生较大的变化。从数据看，X级配（4.75mm以上粗集料含量65%）的动态和静态模量都最大，其次是W级配。也就是说，为了达到最佳的模量水平，混合料中的粗集料含量宜为60%~65%。

采用与弯曲试验相同尺寸和压实标准的试件，将试件在温度20℃±1℃和湿度98%条件下养生6d后，饱水24h。将饱水后的试件表面水擦干至无明显水迹后称量，记做 m_0。试件在温度为20℃±1℃的环境下自然风干，经过7d后，测量试件的质量 m' 和收缩量 δ。然后，分别计算各种混合料的失水率、干缩应变和干缩系数。有关的试验结果见表4-12。

表4-12　6种混合料干缩试验的干缩参数汇总

级配	碎石含量（%）	干缩应变	干缩系数	失水率（%）
U	50	5.84×10^{-4}	1.14×10^{-2}	5.11
V	55	4.80×10^{-4}	9.71×10^{-3}	4.94
W	60	4.93×10^{-4}	9.63×10^{-3}	5.12
X	65	4.30×10^{-4}	1.05×10^{-2}	4.12
Y	70	5.00×10^{-4}	1.07×10^{-2}	4.66
Z	75	3.81×10^{-4}	8.09×10^{-3}	4.71

从试验结果看，当混合料中粗集料含量较少时，混合料的干缩系数和干缩应变都比较大（如U级配）；当混合料中粗集料增加后，混合料的干缩系数和干缩应变

明显减小(如 V、W 级配)。说明混合料的干缩特性与混合料中粗集料含量多少有直接关系。但是,当混合料中粗集料过多时,混合料的干缩系数、干缩应变又明显增加(如 Y 级配)。这是由于此时混合料的含水率过高。对于 Z 级配混合料,其干缩性能的变化与前 5 种混合料有明显的不同。由于该混合料的粗集料含量很高,达到了开级配的状态,混合料中的空隙率较大,因此,其干缩应变和干缩系数都比较小。

针对前 5 种混合料,数据分析表明,混合料的干缩应变与混合料最佳含水率有良好的相关性,相关系数达到 0.983 7。

结合上文强度试验结果,建立 6 种混合料强度与干缩系数的关系曲线(图 4-6)。由图可见,随着混合料无侧限抗压强度的增加,混合料的干缩系数呈二次曲线规律变化。通过级配的优化,提高混合料无侧限抗压强度,同时也可使混合料的干缩系数保持较低的水平。

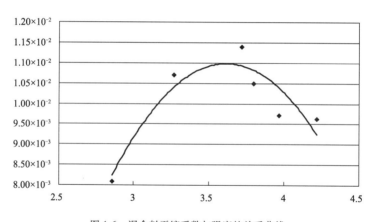

图 4-6 混合料干缩系数与强度的关系曲线

综上所述,通过一系列的试验分析,研究了相同矿料品种、不同级配规律情况下混合料的力学性能和干缩特性,得到以下结论:

(1)通过混合料的级配优化可以有效提高混合料的力学性能。试验表明,当混合料中 4.75mm 以上的粗集料含量为 55%~65% 之间时,混合料具有最佳的力学状态。其最大干密度较高,最佳含水率较低,同时无侧限抗压强度和抗压回弹模量较高。

(2)同时,在这种条件下,混合料具有较低的干缩系数和干缩应变,对于减少路面结构的反射裂缝十分有利。

以上讨论了水泥稳定级配碎石级配形式的选择问题。由此说明,从综合评价混合料性能的角度看,混合料中4.75mm以上的碎石含量既不是越少越好,也不是越多越好,存在一个合理的范围。除此之外,为了保证混合料性能的稳定,有效控制混合料中集料颗粒的最大粒径是必需的。

粒径愈大,拌和机、平地机和摊铺机等施工机械愈容易损坏,混合料愈容易产生粗细集料离析现象,铺筑层的平整度也愈难达到高的要求。因此,不少国家常采用集料的最大粒径为19~20mm。但是,最大粒径愈小,石料的加工量愈大,效率低,成本高。因此,实际工程中,应尽量实现两者的平衡,尽量减小混合料的最大粒径。

高速公路和一级公路对材料使用性能的要求高,必须采用最大粒径较小的集料,以适宜于用机械施工。

表4.5.4中的级配为推荐级配,在实际工程中可选择级配中值作为混合料配合比设计时选择的初始级配,并以上限和下限作为验证级配。由于我国地方性材料比较复杂,应根据试验选择最佳的混合料级配曲线。

4.5.5 碾压贫混凝土的级配宜采用表4.5.4中推荐的C-B-1和C-B-2级配。

4.5.6 石灰粉煤灰稳定材料可采用表4.5.6中推荐的级配范围,并应符合下列规定:

1 用于高速公路和一级公路基层时,石灰粉煤灰总质量宜占15%,应不大于20%,被稳定材料公称最大粒径应不大于26.5mm,级配宜符合表4.5.6中LF-A-2L和LF-A-2S的规定。

2 用于高速公路和一级公路底基层时,各档被稳定材料总质量宜不小于80%,级配宜符合表4.5.6中LF-A-1L和LF-A-1S的规定。对极重、特重交通荷载等级,级配宜符合表4.5.6中LF-A-2L和LF-A-2S的规定。

3 用于二级及二级以下公路基层时,被稳定材料的公称最大粒径应不大于31.5mm,其总质量宜不小于80%,并符合表4.5.6中LF-B-2L和LF-B-2S的规定。

4 用于二级及二级以下公路底基层时,各档被稳定材料总质量宜不小于

70%,并符合表4.5.6中LF-B-1L和LF-B-1S的规定。对极重、特重交通荷载等级,可选择符合表4.5.6中LF-B-2L和LF-B-2S的规定。

表4.5.6 石灰粉煤灰稳定级配碎石或砾石的推荐级配范围(%)

筛孔尺寸(mm)	高速公路和一级公路				二级及二级以下公路			
	稳定碎石		稳定砾石		稳定碎石		稳定砾石	
	LF-A-1S	LF-A-2S	LF-A-1L	LF-A-2L	LF-B-1S	LF-B-2S	LF-B-1L	LF-B-2L
37.5	—	—	—	—	100	—	100	—
31.5	100	—	100	—	100~90	100	100~90	100
26.5	95~91	100	96~93	100	94~81	100~90	95~84	100~90
19	85~76	89~82	88~81	91~86	83~67	87~73	87~72	91~77
16	80~69	84~73	84~75	87~79	78~61	82~65	83~67	86~71
13.2	75~62	78~65	79~69	82~72	73~54	75~58	79~62	81~65
9.5	65~51	67~53	71~60	73~62	64~45	66~47	72~54	74~55
4.75	45~35	45~35	55~45	55~45	50~30	50~30	60~40	60~40
2.36	31~22	31~22	39~27	39~27	36~19	36~19	44~24	44~24
1.18	22~13	22~13	28~16	28~16	26~12	26~12	33~15	33~15
0.6	15~8	15~8	20~10	20~10	19~8	19~8	25~9	25~9
0.3	10~5	10~5	14~6	14~6	—	—	—	—
0.15	7~3	7~3	10~3	10~3	—	—	—	—
0.075	5~2	5~2	7~2	7~2	7~2	7~2	10~2	10~2

表4.5.6中,限制混合料中被稳定材料公称最大粒径的原因同水泥稳定级配碎石或砾石。表中级配的构成方法同水泥稳定级配碎石。适用于高速公路和一级公路的石灰粉煤灰稳定级配碎石或砾石的级配相对二级及二级以下公路的混合料级配更加严格。以4.75mm通过率为例,前者的波动范围为10%,后者为20%。此外,表中0.075mm通过率的下限由原规范的0调整为2%,一方面有利于工程实施,另一方面有利于改善混合料的疲劳性能。

4.5.7 水泥粉煤灰稳定材料可采用表4.5.7中推荐的级配范围,并应符合下列规定:

1 用于高速公路和一级公路基层时,水泥粉煤灰总质量宜为12%,应不大于18%,各档被稳定材料总质量宜不小于85%,其公称最大粒径应不大于26.5mm,级配宜符合表4.5.7中CF-A-2L和CF-A-2S的规定。

2 用于高速公路和一级公路底基层时,各档被稳定材料总质量宜不小于80%,级配宜符合表4.5.7中CF-A-1L和CF-A-1S的规定。对极重、特重交通荷载等级,级配宜符合表4.5.7中CF-A-2L和CF-A-2S的规定。

3 用于二级及二级以下公路基层时,被稳定材料的公称最大粒径应不大于31.5mm,其总质量宜不小于80%,级配宜符合表4.5.7中CF-B-2L和CF-B-2S的规定。

4 用于二级及二级以下公路底基层时,各档被稳定材料总质量宜不小于75%,级配宜符合表4.5.7中CF-B-1L和CF-B-1S的规定。对极重、特重交通荷载等级,级配宜符合表4.5.7中CF-B-2L和CF-B-2S的规定。

表4.5.7 水泥粉煤灰稳定级配碎石或砾石的推荐级配范围(%)

筛孔尺寸 (mm)	高速公路和一级公路				二级及二级以下公路			
	稳定碎石		稳定砾石		稳定碎石		稳定砾石	
	CF-A-1S	CF-A-2S	CF-A-1L	CF-A-2L	CF-B-1S	CF-B-2S	CF-B-1L	CF-B-2L
37.5	—	—	—	—	100	—	100	—
31.5	100	—	100	—	100~90	100	100~90	100
26.5	95~90	100	95~91	100	93~80	100~90	94~81	100~90
19	84~72	88~79	85~76	89~82	81~64	86~70	83~67	87~73
16	79~65	82~70	80~69	84~73	75~57	79~62	78~61	82~65
13.2	72~57	76~61	75~62	78~65	69~50	72~54	73~54	75~58
9.5	62~47	64~49	65~51	67~53	60~40	65~42	64~45	66~47
4.75	40~30	40~30	45~35	45~35	45~25	45~25	50~30	50~30
2.36	28~19	28~19	33~22	33~22	31~16	31~16	36~19	36~19
1.18	20~12	20~12	24~13	24~13	22~11	22~11	26~12	26~12
0.6	14~8	14~8	18~8	18~8	15~7	15~7	19~8	19~8
0.3	10~5	10~5	13~5	13~5	—	—	—	—
0.15	7~3	7~3	10~3	10~3	—	—	—	—
0.075	5~2	5~2	7~2	7~2	5~2	5~2	7~2	7~2

4.5.8 级配碎石或砾石的级配范围宜符合下列规定:

1 用于高速公路和一级公路基层时,级配宜符合表4.5.8中级配G-A-4或G-A-5的规定。

2 用于高速公路和一级公路底基层时,级配宜符合表4.5.8中级配G-A-3或G-A-4的规定。

3 用于二级及二级以下公路的基层、底基层时,级配可符合表4.5.8中级配G-A-1或G-A-2的规定。

表4.5.8 级配碎石或砾石的推荐级配范围(%)

筛孔尺寸(mm)	G-A-1	G-A-2	G-A-3	G-A-4	G-A-5
37.5	100	—	—	—	—
31.5	100~90	100	100	—	—
26.5	93~80	100~90	95~90	100	100
19	81~64	86~70	84~72	88~79	100~95
16	75~57	79~62	79~65	82~70	89~82
13.2	69~50	72~54	72~57	76~61	79~70
9.5	60~40	62~42	62~47	64~49	63~53
4.75	45~25	45~25	40~30	40~30	40~30
2.36	31~16	31~16	28~19	28~19	28~19
1.18	22~11	22~11	20~12	20~12	20~12
0.6	15~7	15~7	14~8	14~8	14~8
0.3	—	—	10~5	10~5	10~5
0.15	—	—	7~3	7~3	7~3
0.075[a]	5~2	5~2	5~2	5~2	5~2

注:[a] 对无塑性的混合料,小于0.075mm的颗粒含量宜接近高限。

4.5.9 二级及二级以下公路底基层采用未筛分碎石、砾石时,宜采用表4.5.9中推荐的级配范围。

表4.5.9 未筛分碎石、砾石的推荐级配范围(%)

筛孔尺寸(mm)	G-B-1	G-B-2	筛孔尺寸(mm)	G-B-1	G-B-2
53	100	—	4.75	10~30	17~45
37.5	85~100	100	2.36	8~25	11~35
31.5	69~88	83~100	0.6	6~18	6~21
19.0	40~65	54~84	0.075	0~10	0~10
9.5	19~43	29~59			

4.5.10 用于底基层的天然砾石、砾石土宜采用表4.5.10中推荐的级配范围。

表 4.5.10 天然砾石、砾石土的推荐级配范围(%)

筛孔尺寸(mm)	53	37.5	9.5	4.75	0.6	0.075
通过质量百分率(%)	100	80~100	40~100	25~85	8~45	0~15

4.5.11 级配碎石或砾石、未筛分碎石、天然砾石和砾石土等材料应符合下列规定：

1 液限宜不大于28%。
2 在潮湿多雨地区塑性指数宜小于6，其他地区宜小于9。

4.6 无机结合料稳定材料目标配合比设计技术要求

4.6.1 应根据当地材料的特点，通过原材料性能的试验评定，选择适宜的结合料类型，确定混合料配合比设计的技术标准。

4.6.2 在目标配合比设计中，应选择不少于5个结合料剂量，分别确定各剂量条件下混合料的最佳含水率和最大干密度。

本条要求在目标配合比阶段选择不少于5个剂量的混合料进行试验，尽管试验量比较大，但是有助于掌握结合料剂量对混合料性能的影响，提高目标配合比设计的准确性和可靠性。因此，建议施工单位和质量控制部门重视这方面的试验。对于不同工程，由于被稳定材料存在差异，进行这方面试验是有必要的。同时，通过试验也有助于选择实际工程中结合料剂量的合理范围，为下一步生产配合比提供参考依据。

4.6.3 应根据试验确定的最佳含水率、最大干密度及压实度要求成型标准试件，验证不同结合料剂量条件下混合料的技术性能，确定满足设计要求的最佳剂量。

验证的混合料性能主要指90d或180d龄期的弯拉强度和抗压回弹模量、7d龄期的无侧限抗压强度。

4.6.4 水泥稳定材料配合比试验推荐水泥试验剂量可采用表4.6.4中的推荐值。

表4.6.4 水泥稳定材料配合比试验推荐水泥试验剂量表

被稳定材料	条	件	推荐试验剂量(%)
有级配的碎石或砾石	基层	$R_d \geq 5.0MPa$	5、6、7、8、9
		$R_d < 5.0MPa$	3、4、5、6、7
土、砂、石屑等		塑性指数<12	5、7、9、11、13
		塑性指数≥12	8、10、12、14、16
有级配的碎石或砾石	底基层	—	3、4、5、6、7
土、砂、石屑等		塑性指数<12	4、5、6、7、8
		塑性指数≥12	6、8、10、12、14
碾压贫混凝土	基层	—	7、8.5、10、11.5、13

表中水泥剂量的范围比较宽,而且剂量水平比较高,绝大部分大于6%。这里首先说明一下"水泥剂量不大于6%"的问题。近些年来,不少工程为了降低水泥稳定碎石材料的强度水平,避免开裂,并错误认为原规范中提出水泥剂量不大于6%的要求。事实上,原规范并没有水泥稳定碎石材料中水泥剂量不能超过6%的要求,原规范中准确的表述是"不宜大于6%"。"不宜"在规范用语中的含义是推荐性的,并不是强制性的。而且,原规范中考虑到地方性材料的复杂以及交通荷载繁重对承载能力的要求,指出:当水泥剂量大于6%时,需要进行混合料多方面性能的试验,综合论证。也就是说,原规范允许使用大于6%的水泥剂量。

前文已介绍,为了适应重载交通使用环境的要求,提高路面结构承载能力的耐久性及安全性,本细则全面提升了水泥稳定类材料的强度水平,那么水泥剂量自然就有可能大于6%。实际工程中水泥剂量的多少,完全根据试验结果确定,而不是人为事先约定。

限定水泥剂量是不合理的。水泥剂量与材料强度以及最终的开裂之间并没有必然的联系。前文已讨论了材料强度与裂缝的辩证关系,以及矿料级配等因素对混合料强度水平的影响,况且,由于水泥品种的不同、强度等级的不同,相同水泥剂量的混合料,其强度水平将会有较大的差异。表4-13为某高速公路水泥稳定级配碎石7d无侧限抗压强度试验结果。试验分别采用两种强度等级均为42.5的水泥,一种是普通硅酸盐水泥,一种是矿渣水泥,且水泥剂量相同;同时,针对3种相同的矿料级配A、B、C进行强度试验。从表中数据看出,采用相同矿料级配,水泥强度等级和剂量相同,但品种不同,混合料的强度存在明显的差异。因此,不应简单限定水泥剂量的大小。

表 4-13　水泥稳定级配碎石的 7d 强度试验结果比较

水泥品种	硅酸盐水泥			矿渣水泥		
级配	A	B	C	A	B	C
水泥剂量(%)	6.50	6.50	6.50	6.50	6.50	6.50
平均值(MPa)	8.0	5.9	6.8	7.17	7.24	6.16
变异系数(%)	8.84	11.05	6.64	6.65	7.96	7.53
代表值(MPa)	6.8	4.9	6.1	6.39	6.29	5.40

当然可以选择强度等级较高的水泥,实现在剂量较少的情况下,提高混合料强度的目标,但是这样一方面将增加原材料成本,另一方面势必提高施工工艺要求,如拌和的均匀性。因此,如采用这种设计方案,设计单位应充分考虑施工单位的可操作性。

4.6.5　对水泥稳定材料,水泥的最小剂量应符合表4.6.5的规定。材料组成设计所得水泥剂量少于表4.6.5中的最小剂量时,应按表4.6.5采用最小剂量。

表 4.6.5　水泥的最小剂量(%)

被稳定材料类型	拌 和 方 法	
	路拌法	集中厂拌法
中、粗粒材料	4	3
细粒材料	5	4

表4.6.5中水泥的最小剂量是从拌和均匀性角度考虑提出的规定。

4.6.6　对石灰粉煤灰稳定材料和水泥粉煤灰稳定材料,宜分别按表4.4.4和表4.4.6的推荐比例进行试验,必要时可采用正交设计或均匀设计方法。

石灰粉煤灰稳定材料和水泥粉煤灰稳定材料设计属于多因素分析问题。采用正交设计或均匀设计等科学的统计试验方法,确定的结合料剂量更合理。具体设计方法可参照相关数学文献。

4.6.7 对无机结合料稳定级配碎石或砾石材料,应根据当地材料特点和技术要求,优化设计混合料级配,确定目标级配曲线和合理的变化范围。

级配的选择是无机结合料稳定中、粗粒料配合比设计的第一步。本细则根据大量工程经验的试验结果和理论分析,推荐了一系列具有一定适应性的级配范围,具有一定的可靠性。但是,在实际工程中,原材料情况是复杂的,不可能一个级配适应于所有的矿料。正如,在沥青混合料试验中,一条级配曲线不可能适应于所有工程。因此,在规范推荐级配的指导下,根据实际工程的矿料情况,选择优化工程级配是一个必要的过程。

为了适应广大工程建设者的习惯,规范中推荐的级配是一个范围,在这个范围内,理论上存在无数条符合要求的级配曲线,如果针对每一条曲线都进行试验分析、选择,在实际工程中是不现实的,也是难以实现的。因此,通常的做法是通过该级配范围的特征曲线进行有限的试验比选,从中选择相对最佳的级配曲线。其特征曲线一般有三条:上限曲线、下限曲线和中值曲线。根据这三条曲线,通过试验,选择一条最佳曲线。

在这个试验过程中,需要将各档石料筛分成单一粒径的规格,犹如"抓中药"一样,逐档配料。这样,虽然麻烦、试验周期延长,但这样能保证试验的精度和可靠性。有人认为,在工程中都是按大档供料(如 5～10mm、10～20mm),将石料筛分成每一个单一粒径再配料,画蛇添足,没有必要。其实不然。因为,即使按大档配料,也是根据一条固定的级配曲线掺配的,既然如此,何不实实在在地按照单一粒径掺配。对于每一大档的矿料,由于原材料的变异性、取样的不确定性,导致按大档掺配的级配误差难以避免,按这样的级配进行混合料试验精度难以保证。

对于不同级配混合料性能的比较,指标是多方面的,如强度、模量、温度收缩、干湿收缩、水稳定性、抗冲刷性等。这些试验需要在试验室经过较长的时间完成。在实际工程中,为了便于操作,常以强度作为一个比较标准。但这并不意味着无机结合料稳定材料是以强度作为单一设计指标。其实,规范推荐的这个级配范围已经充分考虑了混合料的抗收缩能力、抗冲刷能力和抗水损坏能力等性能。在这个基础上,进一步优化强度水平,其中包括在较低的水泥剂量、较小的含水率的条件下,保证混合料的强度水平。

对于同一种矿料的几种不同级配的比选,在相同的无机结合料剂量情况下,级配不同,其强度水平存在一定的差异,但试验过程中往往受到变异性的影响,导致单单依据一个无机结合料剂量的结果,造成错误的判断,因此,需要至少3种无机结合料剂量,然后进行综合判断。

4.6.8 在目标级配曲线优化选择过程中,应选择不少于4条级配曲线,试验级配曲线可按本细则推荐的级配范围和以往工程经验或按附录A的方法构造。

4.6.9 在配合比设计试验中,应将各档石料筛分成单一粒径的规格逐档配料,并按相关的试验规程操作,保证每组试验的样本量。

4.6.10 选定目标级配曲线后,应对各档材料进行筛分,确定其平均筛分曲线及相应的变异系数,并按2倍标准差计算出各档材料筛分级配的波动范围。

原材料的不均匀性是影响混合料性能稳定性的重要因素。为了全面掌握各档原材料的级配情况,需要从拌和场料堆的不同位置和每一批次进料中分别取料、筛分,然后分别统计各档料通过率的平均值和变异系数。

4.6.11 应按下列步骤合成目标级配曲线并进行性能验证:

1 按确定的目标级配,根据各档材料的平均筛分曲线,确定其使用比例,得到混合料的合成级配。

2 根据合成级配进行混合料重型击实试验和7d龄期无侧限抗压强度试验,验证混合料性能。

4.6.12 应根据已确定的各档材料使用比例和各档材料级配的波动范围,计算实际生产中混合料的级配波动范围;并应针对这个波动范围的上、下限验证性能。

例如,某工程水泥稳定碎石共有5档原材料,分别为19～26.5mm、13.2～19mm、9.5～13.2mm、4.75～9.5mm和小于4.75mm的集料。通过大量的筛分试验,得到这五档矿料级配的平均值和变异系数(表4-14)。

表 4-14　各档矿料级配的均值和变异系数

粒径(mm)	19~26.5mm		13.2~19mm		9.5~13.2mm		4.75~9.5mm		小于4.75mm	
	$\bar{x}$(%)	C_v(%)	$\bar{x}$(%)	C_v(%)	$\bar{x}$(%)	C_v(%)	$\bar{x}$(%)	C_v(%)	$\bar{x}$(%)	C_v(%)
31.5	99.5	0.65	100	0.00	100	0.00	100	0.00	100	0.00
26.5	95.2	1.46	100	0.00	100	0.00	100	0.00	100	0.00
19	14.4	47.26	89.8	3.86	99.8	0.34	100	0.00	100	0.00
13.2	0.7	30.46	23.3	27.59	77.3	9.59	92.1	3.03	100	0.00
9.5	—	—	1.9	49.53	17.8	14.61	57.6	20.07	100	0.00
4.75	—	—	—	—	—	—	0.9	83.30	98.7	1.37
2.36	—	—	—	—	—	—	—	—	83.4	8.87
1.18	—	—	—	—	—	—	—	—	59.0	8.44
0.6	—	—	—	—	—	—	—	—	44.0	8.90
0.3	—	—	—	—	—	—	—	—	33.0	12.55
0.15	—	—	—	—	—	—	—	—	23.3	19.21
0.075	—	—	—	—	—	—	—	—	14.7	30.38

按照 $\bar{x} \times (1 \pm 2C_v)$ 作为级配波动的上下限，由此得到各档矿料的级配范围。以表 4-14 中小于 4.75mm 规格料为例，计算的矿料级配波动的上、下限见表 4-15。

表 4-15　小于 4.75mm 矿料的上、下波动限

粒径(mm)	平均值(%)	变异系数(%)	上限(%)	下限(%)
4.75	98.7	1.37	100(101.4)*	95.9
2.36	83.4	8.87	98.2	68.6
1.18	59.0	8.44	68.9	49.0
0.6	44.0	8.90	51.8	36.2
0.3	33.0	12.55	41.2	24.7
0.15	23.3	19.21	32.2	14.3
0.075	14.7	30.38	23.6	5.8

注*：计算的数值大于100时，按100计；计算的数值小于0时，按0计。

确定各档混合料的比例，实际上是一个数学拟合的优化过程。各档矿料经过组合，合成的级配应满足下式要求。

$$\vec{Y} \cong \sum_{i=1}^{n} a_i X_i \tag{4-2}$$

式中:$\vec{Y}$——理论目标级配;

X_i——第 i 档矿料的筛分级配;

a_i——第 i 档矿料的比例。

根据表 4-14 的数据,合成各档料的比例,见表 4-16,相应的合成级配见表 4-17。

表 4-16 各档矿料的比例

矿料规格(mm)	19~26.5	13.2~19	9.5~13.2	4.75~9.5	小于 4.75
比例数	17	15	10	20	38

表 4-17 各档矿料的合成级配(%)

粒径(mm)	31.5	26.5	19	13.2	9.5	4.75	2.36	1.18	0.6	0.3	0.15	0.075
通过率	100	99.2	83.9	67.8	51.6	37.7	31.7	22.4	16.7	12.5	8.8	5.6

根据上面的示例,按照各档料实际的波动范围和按照各档料的级配均值确定的掺配比例,可以计算出合成级配的波动范围,见表 4-18。可以看出,由于原材料的变异性,有些筛孔的通过率超出了规范推荐级配的范围。这反映出矿料级配的复杂性。

在实际工程中,若想矿料级配完全符合设计的级配,除非采用单一粒径的矿料,但在目前国内大多数工程中还难以实现。为了严格控制矿料级配的均匀性和稳定性,应严格控制原材料级配的稳定性和均匀性,对于特重交通等重要路段宜采用单一粒径的矿料供料(粗集料)。

另外,需要加强试验分析,根据表 4-18 中确定的上下波动线,需要重新分别进行击实试验和强度试验,考察强度等指标是否仍能够满足设计要求(应不低于设计强度的 90%)。

表 4-18 级配波动的上下限(%)

粒径(mm)	31.5	26.5	19	13.2	9.5	4.75	2.36	1.18	0.6	0.3	0.15	0.075
上波动线	100.0	99.7	87.3	72.4	57.0	38.5	37.3	26.2	19.7	15.7	12.2	9.0
下波动线	99.8	98.7	80.5	63.2	46.2	36.5	26.1	18.6	13.7	9.4	5.4	2.2

此外,这个波动范围可作为工程实施过程中矿料级配检验的标准。在生产过程中的混合料级配抽检都应符合这个级配范围,如果出现异常现象,则说明原材料的级配出现较大的变化。此时,需要立即停止施工,检查原因,并采取相应的处理

措施。

4.7 无机结合料稳定材料生产配合比设计技术要求

4.7.1 根据目标配合比确定的各档材料比例,应对拌和设备进行调试和标定,确定合理的生产参数。

4.7.2 拌和设备的调试和标定应包括料斗称量精度的标定、结合料剂量的标定和拌和设备加水量的控制等内容,并应符合下列规定:

1 绘制不少于 5 个点的结合料剂量标定曲线。

2 按各档材料的比例关系,设定相应的称量装置,调整拌和设备各个料仓的进料速度。

3 按设定好的施工参数进行第一阶段试生产,验证生产级配。不满足要求时,应进一步调整施工参数。

鉴于国内当前的施工现状和水平,针对高速公路和一级公路使用水泥稳定级配碎石或砾石材料用作基层时,强调进行生产配合比的验证性试验,以保证室内试验确定的混合料配比能够在施工过程中切实履行,保证水泥稳定材料的施工质量。因此,施工单位应安排一定的时间和人员,进行这项工作,并经过监理检查合格后方可进行混合料的正式生产。

配合比试验的验证工作分为两个阶段,第一阶段实质上是各个料仓生产剂量的标定和调整,使得最终的混合料级配能够与室内试验确定的级配曲线尽量吻合一致;第二阶段实质上是确定生产过程中水泥和水量的控制与标定标准。

水泥和水量的控制是当前水泥稳定类材料生产过程中质量控制的盲点,特别是加水量。因此,在正式生产前,需要通过试验,确定水泥剂量和含水率的变化影响曲线,为生产过程中的质量控制提供手段。当矿料品质或规格发生变化、水泥品种发生变化时,需要重新进行试验,杜绝将以往类似工程试验结果套用在下一个工程中使用。同时,采用拌和楼生产的混合料进行重型击实试验,以验证前期室内试验确定的最佳含水率和最大干密度。

4.7.3 对水泥稳定、水泥粉煤灰稳定材料,应分别进行不同成型时间条件下的混合料强度试验,绘制相应的延迟时间曲线,并根据设计要求确定容许延迟时间。

混合料在选定的级配、水泥剂量和最佳含水率的条件下拌和好以后,分别按立刻压实、闷料1h再压实、闷料2h再压实、闷料3h再压实等条件,成型标准试件,每组的样本数量应不少于规定的要求。

经过标准养生后,测量混合料的7d无侧限抗压强度,从而得到不同延迟时间条件下,混合料强度代表值的变化曲线。根据这条曲线,得到混合料满足设计强度要求的容许延迟时间。在实际工程中,当混合料拌和好以后,必须在这个时间内碾压成型完毕。

某工程水泥稳定碎石混合料配合比设计时,分别采用水泥剂量为3%、5%、7%、9%和11%,并将拌置好混合料按照立即成型,及放置1h、3h和5h后再成型的条件制备标准试件,进行7d龄期的无侧限抗压强度试验,试验结果如图4-7所示。由此看出,当混合料放置1h,混合料的强度与标准强度没有明显的变化,曲线基本重合。当放置3h后,混合料的强度有所降低,但幅度不大。当放置5h后,混合料的强度显著降低。

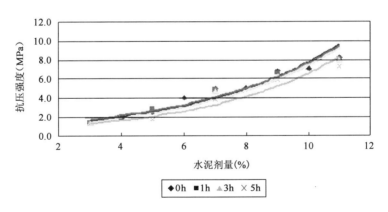

图4-7　不同延迟时间条件下材料强度变化曲线

4.7.4　应在第一阶段试生产试验的基础上进行第二阶段试验。分别按不同结合料剂量和含水率进行混合料试拌,并取样、试验。试验应符合下列规定:

1　通过混合料中实际含水率的测定,确定施工过程中水流量计的设定范围。

2 通过混合料中实际结合料剂量的测定,确定施工过程中结合料掺加的相关技术参数。

3 通过击实试验,确定结合料剂量变化、含水率变化对混合料最大干密度的影响。

4 通过抗压强度试验,确定材料的实际强度水平和拌和工艺的变异水平。

4.7.5 混合料生产参数的确定应包括结合料剂量、含水率和最大干密度等指标,并应符合下列规定：

1 对水泥稳定材料,工地实际采用的水泥剂量宜比室内试验确定的剂量多0.5~1.0个百分点。采用集中厂拌法施工时宜增加0.5个百分点；采用路拌法施工时宜增加1个百分点。

2 以配合比设计的结果为依据,综合考虑施工过程的气候条件,对水泥稳定材料,含水率可增加0.5~1.5个百分点；对其他稳定材料,可增加1~2个百分点。

3 最大干密度应以最终合成级配击实试验的结果为标准。

在工程中存在3个混合料含水率概念,设计的最佳含水率、混合料生产过程中的拌和含水率以及混合料摊铺碾压时的碾压含水率。一般来说,设计的最佳含水率＜碾压含水率＜拌和含水率。考虑到施工过程中,含水率的损失,混合料拌和含水率一般比最佳含水率提高0.5~1.5个百分点(根据被稳定材料类型的不同而有所差别,中、粗粒土取下限,细粒土取上限)。

由于气候原因,在施工过程中允许对混合料的含水率进行适当调整,调整幅度为0.5~1.5个百分点。但应注意：水泥稳定中、粗粒材料对含水率的变化十分敏感,含水率提高一般来说易于碾压,但如果控制不好反而容易产生弹簧现象；另外,含水率增加后,在后期的养生过程中容易产生干缩裂缝,是需要引起重视的问题。因此在施工期间含水率的调整应慎重,不宜盲目提高含水率。

4.8 级配碎石配合比设计技术要求

4.8.1 用于不同公路等级、交通荷载等级和结构层位的级配碎石,CBR强度标准应满足表4.8.1的要求。

4 混合料组成设计

表 4.8.1 级配碎石材料的 CBR 强度标准

结 构 层	公路等级	极重、特重交通	重 交 通	中、轻交通
基层	高速公路和一级公路	≥200	≥180	≥160
	二级及二级以下公路	≥160	≥140	≥120
底基层	高速公路和一级公路	≥120	≥100	≥80
	二级及二级以下公路	≥100	≥80	≥60

级配混合料包括级配碎石、级配碎砾石(碎石和砾石的混合料,也常将砾石中的超尺寸颗粒轧碎后与砾石一起组成碎砾石)和级配砾石。

级配混合料可以用作沥青路面和水泥混凝土路面的基层和底基层,也可用作路基改善层。在排水良好的前提下,级配混合料可在不同气候区用于不同交通荷载等级的道路上。在潮湿多雨地区使用级配混合料特别有利。

级配混合料用作路面的不同层次或用于路面中的不同位置,取决于材料本身的特性、材料的质量、气候条件、交通组成和交通量以及每个国家的使用经验。

一般而言,在路面结构中使用级配混合料有三种方法:

(1) 在轻交通道路上用在薄沥青面层下。几乎所有的国家都采用这种结构。

(2) 在重交通道路上用在厚沥青面层下。在这种情况下,可能有两种方式:一种是施工质量很好的高质量的级配碎石,直接用在厚沥青面层下作为基层;另一种是施工质量略次的级配混合料用于较深的位置,通常用于有结合料基层的下面。

(3) 不少国家常将级配碎石用作沥青面层与水硬性结合料处治基层(有的国家称为底基层)之间的联结层,以减轻水硬性结合料处治层的干缩裂缝反射到沥青面层上,即减轻反射裂缝。也有利于排除路面结构层中的水,减少甚至消除基层的冲刷现象。这种路面结构,又常称之为"倒装结构"。用作联结层时,级配碎石中不应加砂或砾石。

使用级配混合料的两个决定性因素是施工质量和交通荷载水平。当这两个条件有利时,级配碎石即使在薄沥青面层或沥青表面处治下也会工作得很好。当交通荷载水平较高时,这种路面结构就不合适了。

一些国家使用级配混合料作基层时对重车交通的限制列在表4-19中。

根据一些国家的统计资料,在高速公路和一级公路上,使用级配碎石作沥青路面基层时,基层上沥青结合料层的总厚度在 22~31cm 内变化。在英国 1987 年的路面设计规范中,沥青混合料层的总厚度达 42cm。国外对用级配混合料做的基层或底基层,常称作无结合料基层或无结合料底基层。

级配混合料还可用作低等级道路上的面层,即用作中级路面。此时,级配混合料中的细土含量和塑性指数都较高。因此,适宜用作面层的级配混合料不适宜用作沥青路面和水泥混凝土路面的基层和底基层。

细土含量和塑性指数都较高的级配混合料虽然可以用作中级路面,直接承受行车荷载的作用,但考虑到过一定时间后,中级路面会被改善成沥青路面,为了避免在铺筑沥青面层时,将原中级路面挖翻处治(在我国以往常用石灰),对于中级路面也宜采用本细则中规定的级配混合料作承重层。另外,采用细土含量和塑性指数都较高的细级配混合料作磨耗层,例如,砂土磨耗层、细砾石磨耗层或细碎石磨耗层等。

表 4-19　使用级配混合料结构层的限制

国家	气候条件 冻深(m)或无	轴载重力 单轴(kN)	轴载重力 双轴(kN)	使用范围:每个方向每天的重车数量 表面处治下的基层	100mm 厚沥青的基层	厚沥青层下的基层
瑞士	冰冻	100	180	不用,使用 30~40mm 的预拌材料,<30	<100	<2 500
芬兰	冻深 1.6~2.3	100	160	<500	>500	—
法国	冰冻或无	130	210	<50	<100	<750
澳大利亚	无	82	150	无限制,每一具体情况分别进行检验		
德国	冻深 0.5~1.5	100	160	很小	>10	无限制
意大利	无	120	200	—	<50	50~100
荷兰	冰冻	100	160	<50	无限制,但很少使用	
捷克	冰冻 0.8~1.2	100	130	<25	<50	<250
葡萄牙	无	120	200	<60	<200	<1 000
波兰	冻深 0.8~1.4	100	160	<4	<70	70~335
加拿大	冰冻	80	142	无限制		

就力学性质和稳定性而言，级配碎石是级配混合料中最好的材料，也是无结合料材料中最好的材料；级配砾石则是级配混合料中最次的集料；级配碎砾石则处于前两者之间。级配碎石可用作高速公路和一级公路路面的基层，级配碎砾石可用作一般道路路面的基层，级配砾石可用作轻交通道路路面的基层。

决定级配混合料力学性质的主要参数是弹性模量（或回弹模量）、抗剪强度和抗永久形变能力。级配混合料的理想性质是，它应有高的劲度（相当于弹性模量），以提供良好的荷载分布性质；应该有高的抗剪强度，以减轻车辆（包括施工车辆）作用下的辙槽；应该有高的透水性，以使进入的自由水能快速排出；其中细土应该没有塑性，以保证良好的水稳性，并应该是无冰冻敏感性。

决定级配混合料力学性质的参数主要与集料的摩阻作用、嵌锁作用和黏结作用有关。摩阻作用本身则与所产生的应力以及颗粒接触面上能达到的摩阻力有关。应力与集料层的密实度和所处的位置有关，而集料层的密实度则与颗粒的级配和形状有关。颗粒接触面上能达到的摩阻力与颗粒的强度和颗粒的表面纹理有关。

影响级配混合料结构层力学性质的其他重要因素有集料的含水率、加工和摊铺集料的均匀性、碾压密实度以及下承层的承载能力。

级配混合料的强度和抗形变能力与集料的类型（指碎石、碎砾石或砾石）、集料的级配，特别是其中的最大粒径、集料中 5mm 以下颗粒的含量、集料中小于 0.075mm 的颗粒含量有关。而其水稳性和冰冻稳定性又与 0.5mm 以下颗粒的含量及其塑性指数有关。此外，这类材料的劲度、强度、抗形变能力和稳定性都与集料的密实度成正比。

在实际工作中，对于级配混合料，主要要控制颗粒的级配组成，特别是其中的最大粒径 5mm 以下、0.5mm 以下和 0.075mm 以下的颗粒含量以及塑性指数。同时，在施工中要严格控制级配混合料的均匀性（它包括级配组成和含水率）和压实度（或密实度）。

澳大利亚维多利亚州约有 70% 的沥青路面是级配碎石基层上铺筑沥青表面处治，这种路面结构不单在一般干线公路上用，甚至在墨尔本至悉尼的高速公路的郊外路段上也用，有的路段已使用了 8~9 年，使用性能仍然很好，路面平整无形变。通常,每过 8～9 年再做一次封层(单层表面处治),以恢复表面的抗滑性能。维多利亚州公路局称这种路面为"重负荷的柔性路面"。

在维多利亚州,单向一个车行道上的标准轴载(80kN)数为 1 000～1 500(包括上述高速公路的郊外路段)的公路上常采用这种路面结构。在设计期为 30 年、累计标准轴次为 2×10^7～3×10^7 的公路上,采用的典型路面结构是总厚 570mm,包括 2×100mm(两层,每层厚 100mm)高质量中粒式级配碎石、2×100mm 质量较次的中粒式级配碎石、170mm 可挖掘压碎的软质石料(无严格的级配要求)垫层,见图 4-8。

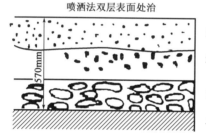

图 4-8 维多利亚州重负荷柔性路面的典型结构

他们总结这种路面结构有两个优点:一是初期费用低,只有"碎石基层、沥青混凝土面层"结构的 70%;二是路面结构中的材料不遭受疲劳。

要做好这种路面,在设计和施工两方面都要做好,特别是施工十分重要。根据他们的经验,如何保证级配碎石的级配和塑性指数符合要求,如何保证拌和均匀、含水率合适和均匀,摊铺均匀以及压实到规定的密实度,是施工过程中的几个重要环节,也是保证这种路面结构具有良好使用性能和长期使用寿命的重要环节。

他们认为,注意横断面设计、排水设计和材料选择,以预防水进入或滞留在路面结构层内,可以明显提高路面的使用性能和延长其使用寿命。

高速公路和一级公路采用的典型横断面(一个方向)见图 4-9。

在此路面上的加速加载试验表明,随作用次数增加,弯沉值渐趋稳定,大致与初期弯沉值相同,如图 4-10。

用级配碎石做薄或较薄沥青面层与半刚性基层之间的联结层在国外常称作"倒装结构"或夹层式路面。这种结构在美国、澳大利亚、南非等使用较为普遍。

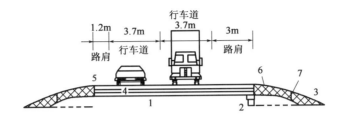

图 4-9　路面典型横断面

1-软弱路基或膨胀性土路基用结合料稳定或用外运材料填筑;2-路面下(结构层)排水;3-路面结构下排水管的最低点;4-高质量的碎石;5-全宽双层表面处治;6-封闭的路肩;7-不透水的材料

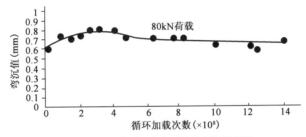

图 4-10　级配碎石沥青表面处治弯沉演变图

由于此联结层能减少半刚性基层裂缝向上反射,所以级配碎石联结层又称作应力消减联结层。在南非的高等级公路上常用的路面结构为 5cm 沥青混凝土面层、15cm 级配碎石联结层、30cm 水泥碎石基层和路基改善层,并认为这种路面结构能承担 $12 \times 10^6 \sim 50 \times 10^6$ 标准轴次。在南非的一般公路上,在 15cm 级配碎石联结层上只做 3cm 沥青面层。南非一国际机场预计通行波音 B747 超级飞机 50 万次,该飞机最大质量 336 500kg,起落架上每个主要轮胎上的荷载约 220kN,轮胎接触压力为 1.463MPa,一个轮胎着地面积当量圆的半径为 21.88cm,采用的路面结构为 7cm 沥青混凝土面层、10cm 级配碎石联结层、30cm 水泥碎石基层、45cm 水泥碎石底基层。此路面经过用荷重 200kN 的飞机轮胎做加速加载试验,作用 10 万次,除产生 6mm 辙槽外,无其他损坏现象。

美国弗吉尼亚州多年来将夹层式路面结构作为其主要路面结构之一。它包括 160mm 水泥土或水泥砾石底基层、100~200mm 集料基层和 100mm 及 100mm 以上的沥青混凝土面层。

1988 年 10 月建成的京石高速公路正定试验路中有三段采用了级配碎石联结

层,沥青混凝土面层的厚度两段为 6cm,一段为 9cm,级配碎石联结层厚 10cm,二灰碎石或水泥碎石基层厚 10cm,石灰土底基层,路面总厚度为 63cm。1992 年 3 月测得此三段的路表平均弯沉值分别为 0.14mm、0.16mm 和 0.21mm,其他路段最大弯沉值为 0.19mm,17 个路段中弯沉值大于 0.14mm 的有 6 个。可见级配碎石联结层并没有明显增大路面的弯沉值。加速加载试验证明,6cm 沥青面层、10cm 级配碎石联结层这种夹层式路面的抗永久形变能力大于 15cm 沥青面层、12cm 水泥碎石基层和 36cm 石灰土底基层这种半刚性路面。

4.8.2 应以实际工程使用的材料为对象,根据本细则推荐的级配范围和以往工程经验或按附录 A 的方法,构造 3~4 条试验级配曲线,通过配合比试验,优化级配。

4.8.3 混合料配合比应采用重型击实或振动成型试验方法,确定最佳含水率和最大干密度。

近些年来国内一些科研单位、大学采用振动压实的方法进行级配碎石的配合比设计,认为在试件成型过程中,碎石的破碎程度小于重型击实的试验方法,且能达到更密实的状态。但如前文所述,振动压实方法应用中的两个问题不容忽视:一是当前振动成型试验的压实功不统一,不同地区、不同厂家生产、使用的振动成型设备的压实功不一致,导致试验结果难以比较;二是很多施工单位的工地试验室不具备振动成型设备,经常出现理论配合比试验时,在专门的试验室采用振动成型设备进行设计,但实际工程中,在工地试验室却用重型击实设备进行设计、验证,而这两种设备的压实功并不一致。

为了推动振动压实试验方法的应用,本细则也推荐采用此方法,但是,前提是振动压实试验的压实功应与重型击实试验的压实功等效。

4.8.4 应按试验确定的级配和最佳含水率,以及现场施工的压实标准成型标准试件,进行 CBR 强度试验和模量试验。

4.8.5 应选择 CBR 强度最高的级配作为工程使用的目标级配,并确定相应的最佳含水率。

4 混合料组成设计

4.8.6 选定目标级配曲线后,应针对各档材料进行筛分,确定各档材料的平均筛分曲线以及相应的变异系数,并按 2 倍标准差计算各档材料筛分级配的波动范围。

4.8.7 应按下列步骤合成目标级配曲线并验证性能:

1 按确定的目标级配,根据各档材料的平均筛分曲线,确定其使用比例,得到混合料的合成级配。

2 根据合成级配进行混合料的 CBR 或模量试验,验证混合料性能。

4.8.8 应根据已确定的各档材料使用比例和各档材料级配的波动范围,计算实际生产中混合料的级配波动范围;并应针对这个波动范围的上、下限验证性能。

4.8.9 应根据目标配合比确定的各档材料比例,调试和标定拌和设备,确保生产出的混合料满足目标级配的要求。

4.8.10 拌和设备的调试和标定应包括料斗称量精度的标定、设备加水量的控制等内容,并应符合下列规定:

1 按各档材料的比例关系,设定相应的称量装置,调整拌和设备各个料仓的进料速度。

2 按设定好的施工参数进行第一阶段试生产,验证生产级配。不满足要求时,应进一步调整施工参数。

4.8.11 应在第一阶段试生产试验的基础上进行第二阶段试验。按不同含水率试拌混合料,并取样、试验。试验应符合下列规定:

1 通过混合料中实际含水率的测定,确定施工过程中水流量计的设定范围。

2 通过击实试验,确定含水率变化对混合料最大干密度的影响。

3 通过 CBR 试验,确定材料的实际强度水平和拌和工艺的变异水平。

4.8.12 混合料生产含水率应依据配合比设计结果确定,可根据施工因素和气候条件增加 0.5~1.5 个百分点。

5 混合料生产、摊铺及碾压

与原规范相比,在混合料生产、摊铺及碾压方面,本细则作了如下增补和修订:
(1)提高了基层和底基层施工压实度标准。
(2)提高了无机结合料稳定材料拌和设备和工艺要求。
(3)规范了无机结合料稳定材料的养生方式和周期,明确了层间结合处理的工艺措施及要求。

5.1 一般规定

5.1.1 根据公路等级的不同,宜按表5.1.1选择基层、底基层材料施工工艺措施。对于边角部位施工,混合料拌和方式应与主线相同,可采用推土机摊铺、平地机整平的人工方式摊铺,并与主线同步碾压成型。

表5.1.1 施工工艺选择表

材料类型	公路等级	结构层位	拌和工艺		摊铺工艺	
			推荐	可选择	推荐	可选择
无机结合料稳定中、粗粒材料	二级及二级以上	基层	集中厂拌	—	摊铺机摊铺	—
无机结合料稳定细粒材料		底基层	集中厂拌	—	摊铺机摊铺	推土机摊铺,平地机整平
水泥稳定材料	二级以下	基层和底基层	集中厂拌	—	摊铺机摊铺	—
其他各种无机结合料稳定材料		基层和底基层	集中厂拌	人工路拌	摊铺机摊铺	推土机摊铺,平地机整平
级配碎石	二级及二级以上	基层和底基层	集中厂拌	—	摊铺机摊铺	—
	二级以下	基层和底基层	集中厂拌	人工路拌	摊铺机摊铺	推土机摊铺,平地机整平

5 混合料生产、摊铺及碾压

施工工艺包括原材料的备料、堆放,混合料拌和、运输、碾压成型以及质量检测等几个环节,每一个环节的疏忽都可能对最终的质量造成潜在的影响。施工工艺的基本要求是混合料施工过程中一些共性的、关键的、最低的工艺要求。

路拌法施工,容易在拌和层底部产生素土夹层,导致沥青面层过早破坏。这种早期破坏对高速公路和一级公路造成的直接经济损失和间接经济损失甚大。为消除素土夹层,首先规定在高速公路和一级公路上,必须采用集中厂拌法拌制混合料。

此外,路拌法施工的混合料的均匀性较差。

高速公路和一级公路对路面平整度的要求高,对面层厚度和路面高程的容许误差小,只有采用摊铺机摊铺水泥稳定材料混合料,才能满足这些要求,否则会形成用昂贵的面层材料来找补高程和平整度的情况,其结果是既增加投资,沥青面层的平整度还不一定能得到保证。例如,某高速公路工地,用平地机摊铺和整平水泥稳定砾石基层,在用摊铺机铺筑粗粒式沥青混合料后,钻孔取出试件38个,测量的厚度在3.6~10.8cm之间,变异系数达21.2%,而设计厚度是7cm。

另一方面,用摊铺机摊铺水泥混合料,还可使基层表面结构均匀,显著减少粗细颗粒离析现象,减少基层表层的薄弱点,全面提高基层质量。

5.1.2 稳定材料层宽11~12m时,每一流水作业段长度以500m为宜;稳定材料层宽大于12m时,作业段宜相应缩短。宜综合考虑下列因素,合理确定每日施工作业段长度:

1 施工机械和运输车辆的生产效率和数量;
2 施工人员数量及操作熟练程度;
3 施工季节和气候条件;
4 水泥的初凝时间和延迟时间;
5 减少施工接缝的数量。

5.1.3 对水泥稳定材料或水泥粉煤灰稳定材料,宜在2h之内完成碾压成型,应取混合料的初凝时间与容许延迟时间较短的时间作为施工控制时间。

试验结果表明,从加水拌和到碾压终了的延迟时间对水泥稳定材料混合料的强度和所能达到的干密度有明显的影响。延迟时间愈长,混合料强度和干密度的损失愈大,见图 5-1。

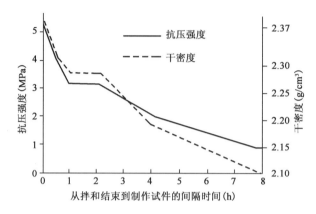

图 5-1 延迟时间对混合料强度和干密度的影响

从图 5-1 可以看到,延迟时间 4h,水泥砾石混合料能达到的干密度只有 2.18g/cm³,仅为无延迟时间时的 92%（2.37g/cm³）,其强度则从无延迟时间时的 5.2MPa 降到 2.1MPa,降低了 60%。

延迟时间对混合料强度的影响取决于两个因素,即水泥品种和土质。在土质不变的情况下,用终凝时间短的水泥时,延迟时间对混合料强度损失的影响大;在水泥品质不变的情况下,延迟 2h,采用某些土质的混合料的强度可损失 60%,而采用另一些土质的混合料的强度损失可能只有 20% 左右,甚至没有损失,见表 5-1。

表 5-1 从拌和到压实的延迟时间为 2h 时对水泥稳定材料强度的影响

序号	土的名称	颗粒组成,通过下列筛孔(mm)的质量百分率(%)							强度损失(%)
		60	20	6	2	0.6	0.2	0.06	0.002	
1	砾质砂	–	100	85	79	65	15	3	3	60
2	中等黏土	–	–	–	–	–	100	95	30	50
3	中砂				100	85	15	5		0
4	原状砾石	100	65	35	28	24	7	2	2	22
5	破碎砾石	100	94	60	44	34	9	0	–	9
6	矿渣	100	80	46	18	8	4	0	0	–
7	细石灰石	–	–	100	77	37	22	10	10	17
8	粗石灰石	100	72	32	14	8	5	0	0	29

5 混合料生产、摊铺及碾压

续上表

序号	土的名称	颗粒组成,通过下列筛孔(mm)的质量百分率(%)							强度损失(%)
		60	20	6	2	0.6	0.2	0.06	0.002	
9	石灰石	—	—	100	85	45	23	12	12	6
10	中砂	—	—	—	100	85	15	5	5	0
11	砾石	100	90	60	43	38	18	4	4	14
12	砾石—砂—黏土	100	95	72	63	55	21	10	10	12
13	砾石—砂—黏土	100	97	82	67	54	20	8	8	16
14	碎石	—	100	85	70	35	20	12	12	12
15	级配好的砂	—	—	100	86	70	30	12	12	12

因此,既应采用终凝时间长的水泥,又应规定施工的延迟时间。国外通常规定延迟时间为2h。考虑到我国公路施工中采用路拌法的实际情况,规定了延迟时间3～4h。为了能合适地确定延迟时间,第4.7节规定在施工前必须做延迟时间对混合料强度影响的试验,并通过试验确定应该控制的延迟时间。

本条文规定水泥稳定材料应在初凝前完成碾压成型,同时,为了保证工程质量,应进行确定延迟时间的试验。

初凝时间与延迟时间可能并不相同,取两者中较短的时间作为施工控制时间。

5.1.4 石灰稳定材料或石灰粉煤灰稳定材料层宜在当天碾压完成,最长不应超过4d。

石灰、粉煤灰等属于缓凝材料,施工延迟时间对其强度的影响不大,但也宜在当天碾压完成。石灰与土拌和后,如堆置较长时间不进行摊铺碾压,也会影响其可能达到的强度。

5.1.5 无机结合料稳定材料在过分潮湿路段上施工时应采取措施,降低潮湿程度、消除积水。

在冰冻地区,当石灰土用于潮湿路段时,冬季石灰土层中可能产生聚冰现象,从而使石灰土的结构遭受破坏,强度明显下降,使沥青路面产生过早破坏。在非冰冻地区,如石灰土经常处于过分潮湿状态,也不易形成较高强度的板体。因此,在这些情况下应采取隔水措施,防止水分浸入石灰土层。

5.1.6 无机结合料稳定材料结构层施工应选择适宜的气候环境,针对当地气候变化制订相应的处置预案,并应符合下列规定:

1 宜在气温较高的季节组织施工。无机结合料稳定材料施工期的日最低气温应在5℃以上,在有冰冻的地区,应在第一次重冰冻到来的15~30d之前完成施工。

2 宜避免在雨季施工,且不应在雨天施工。

养生温度对水泥稳定材料的强度有很明显的影响。养生温度越高,水泥稳定材料的强度也越高,如图5-2所示。因此,选择温度较高的合理施工季节对保证这种材料的良好路用性能尤为重要。

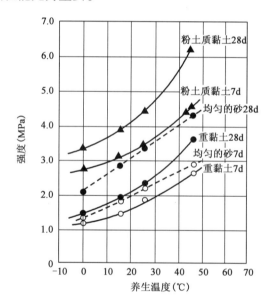

图5-2 强度随养生温度的变化规律曲线

养生温度对石灰稳定土的抗压强度有明显的影响。养生温度愈高,石灰稳定土的抗压强度也愈高;在温度低于5℃时,石灰稳定土的强度几乎没有增长,如图5-3所示。

养生温度对石灰粉煤灰的抗压强度有明显影响。养生温度越高,石灰粉煤灰的抗压强度越大;在气温低于4℃时,石灰粉煤灰的抗压强度几乎没有增长,如

图 5-4 所示。

另外,我国幅员广阔,气候条件多样,不同地区在进行水泥稳定类材料施工,特别是基层施工时,应注意当地气候的变化,突然的降雨和长时间的曝晒对材料质量都会产生显著影响。因此在施工过程中,应对这种气候变化准备相应的处置预案。严禁在雨天进行施工。

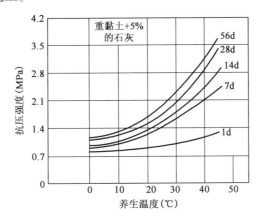

图 5-3 石灰土抗压强度随养生温度的变化曲线

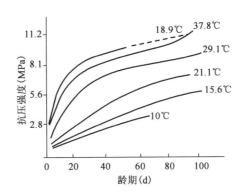

图 5-4 养生温度对二灰砾石抗压强度的影响

重冰冻的标准一般指气温达到 $-3 \sim -5$℃。

5.1.7 应将室内重型击实试验法确定的干密度作为压实度评价的标准密度。

5.1.8 无机结合料稳定材料的基层压实标准应符合表 5.1.8 的规定。

表 5.1.8 基层材料压实标准(%)

公路等级		水泥稳定材料	石灰粉煤灰稳定材料	水泥粉煤灰稳定材料	石灰稳定材料
高速公路和一级公路		≥98	≥98	≥98	—
二级及二级以下公路	稳定中、粗粒材料	≥97	≥97	≥97	≥97
	稳定细粒材料	≥95	≥95	≥95	≥95

5.1.9 无机结合料稳定材料的底基层压实标准应符合表5.1.9的规定。

表 5.1.9 底基层材料压实标准(%)

公路等级		水泥稳定材料	石灰粉煤灰稳定材料	水泥粉煤灰稳定材料	石灰稳定材料
高速公路和一级公路	稳定中、粗粒材料	≥97	≥97	≥97	≥97
	稳定细粒材料	≥95	≥95	≥95	≥95
二级及二级以下公路	稳定中、粗粒材料	≥95	≥95	≥95	≥95
	稳定细粒材料	≥93	≥93	≥93	≥93

5.1.10 对级配碎石材料,基层压实度应不小于99%,底基层压实度应不小于97%。

5.1.11 高速公路和一级公路在极重、特重交通荷载等级下,基层和底基层的压实标准可提高1~2个百分点。

鉴于近年来基层施工压实机械的改善、压实功的提高,本细则对不同等级公路、不同层位的水泥稳定材料的压实度标准有不同程度的提高。对于极重、特重交通,为了提高路面结构的承载能力,压实度可以在此基础上再提高1~2个百分点。这样可能出现压实度超百的现象,属正常现象。为了达到良好的压实效果,压实机械的配套和吨位水平十分重要。同时碾压工序也很重要。实践证明,采用重胶轮压路机进行初压对压实度的提高有帮助。

5.2 混合料集中厂拌与运输

5.2.1 混合料的拌和能力与混合料摊铺能力应相匹配。

5.2.2 拌和厂应安置在地势相对较高的位置,并做好排水设施。

5.2.3 拌和厂场地应平整并具有足够的承载能力。高速公路和一级公路的拌和厂,场地应采用混凝土硬化,混凝土强度等级应不低于C15,厚度应不小于200mm。

5.2.4 工程所需的原材料严禁混杂,应分档隔仓堆放,并有明显的标志。

5.2.5 细集料、水泥、石灰、粉煤灰等原材料应有覆盖。对高速公路和一级公路,上述材料严禁露天堆放,应放置于专门搭建的防雨棚内或库房内。

如果细集料遭雨淋而含水率过大,细集料就不能顺利地从喂料斗中流出,直接影响配料的准确性及拌和机的准确性。

对于石灰、粉煤灰稳定材料,为保证拌和机的产量和混合料的配合比,也应采取覆盖措施,防止雨淋,特别在雨量较多地区的雨季,更需重视。

5.2.6 对高速公路和一级公路,应采用专用稳定材料拌和设备拌制混合料。稳定细粒材料集中拌和时,土块应粉碎,最大尺寸应不大于15mm。

5.2.7 无机结合料稳定中、粗粒材料的拌和生产设备应满足下列要求:

1 对高速公路和一级公路,混合料拌和设备的产量宜大于500t/h。

2 拌和设备的料仓数目应与规定的备料档数相匹配,宜较规定的备料档数增加1个。

3 各个料仓之间的挡板高度应不小于1m。

4 高速公路的基层施工时,每个料斗与料仓下面应安装称量精度达到±0.5%的电子秤。

对本条说明如下:

(1)第1款,主要目的是在混合料产能方面确保施工现场摊铺施工的连续。

(2)第3款,避免料仓在加料时各档料的掺混。

(3)第4款,某高速公路工程水泥稳定级配碎石生产时,配备了6个冷料仓,并且每个冷料仓下面均加装电子称重设备,如图5-5所示。

图 5-5　冷料仓示意图

5.2.8　装水泥的料仓应密闭、干燥,同时内部应装有破拱装置。对高速公路,水泥料仓应配备计重装置,不宜通过电机转速计量水泥的添加量。

5.2.9　气温高于30℃时,水泥进入拌缸温度宜不高于50℃;高于50℃时应采取降温措施。气温低于15℃时,水泥进入拌缸温度应不低于10℃。

石灰放置时间过久,其有效氧化钙和氧化镁的含量会有很大损失。石灰堆放在野外无覆盖时,遭受风吹雨淋和日晒,其有效氧化钙和氧化镁的含量降低很快。试验结果表明:放置3个月可从原来的80%以上降到40%左右,放置半年可降到仅30%左右,如图5-6所示。因此,石灰应堆放成高堆并用篷布和土覆盖,然后,边使用边揭盖。

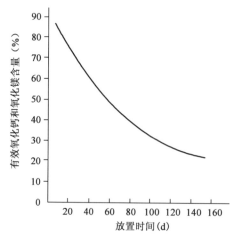

图 5-6　放置时间对石灰有效氧化钙和氧化镁含量的影响

5.2.10 加水量的计量应采用流量计的方式。对高速公路和一级公路，水的流量数值应在中央控制室的控制面板上显示。

5.2.11 在正式拌制混合料之前，应先调试所用的设备，使混合料的级配组成和含水率都达到配合比设计的规定要求。原材料的颗粒组成发生变化时，应重新调试设备。

用连续式拌和机拌和水泥混合料时，所得混合料的级配组成取决于喂料斗中原材料的最大粒径和颗粒组成。如原材料的最大粒径和颗粒组成不符合要求，则混合料的级配组成不可能符合要求。因此，在正式拌制混合料之前，应先调试所有设备，按照正常生产比例供料，检验级配，级配合格后方可生产。

5.2.12 在稳定中、粗粒材料生产过程中，应按配合比设计确定的材料规格及数量拌和。

5.2.13 高速公路基层的混合料拌和时，宜采用两次拌和的生产工艺，也可采用间歇式拌和生产工艺，拌和时间应不少于15s。

现在工程中大多数拌和设备的拌缸长度不大于5m，混合料在拌缸中的拌和时间不超过10s，有的仅有5~6s，难以保证混合料拌和的均匀性。鉴于当前施工设备的情况，本细则提出两次拌和的生产工艺，也就是将两个拌缸串联起来，达到延长拌和时间的目的。当然，生产单位也可以通过设备改造，最终达到延长有效拌和时间的目的。

图5-7为某工程将两台拌和机串联生产水泥稳定级配碎石。工程实践表明，混合料经过两次拌和后，均匀性得到显著改善。

图5-7 二次拌和示意图

5.2.14 在拌和过程中,应实时监测各个料仓的生产计量,对高速公路和一级公路,应每10min打印各档料仓的使用量。某档材料的实际掺加量与设计要求值相差超过10%时,应立即停机检查原因,正常后方可继续生产。

料仓包括结合料的料仓和加水仓。

5.2.15 天气炎热或运距较远时,无机结合料稳定材料拌和时宜适当增加含水率。对稳定中、粗粒材料,混合料的含水率可高于最佳含水率0.5~1个百分点;对稳定细粒材料,含水率可高于最佳含水率1~2个百分点。

由于气候原因,在施工过程中允许对混合料的含水率作适当调整。根据材料的不同,调整幅度可为0.5~2个百分点。但需注意:水泥稳定中、粗粒材料,对含水率的变化十分敏感,如控制不好,容易产生弹簧现象;同时,在后期的养生过程中容易产生干缩裂缝。因此,在施工期间需慎重调整含水率。

5.2.16 对高速公路和一级公路,应从拌和厂取料,每隔2h测定一次含水率,每隔4h测定一次结合料的剂量,并做好记录。

5.2.17 应根据工程量的大小和运距的长短,配备足够数量的混合料运输车。

5.2.18 混合料运输车装料前应清理干净车厢,不得存有杂物。

5.2.19 混合料运输车装好料后,应用篷布将厢体覆盖严密,直到摊铺机前准备卸料时方可打开。

有时由于运距较近,认为不必覆盖篷布。实际上,在前场施工时经常会遇到各种原因造成的排队等候,导致混合料水分散失。因此,不论运距多远都要覆盖。

5.2.20 对高速公路和一级公路,水泥稳定材料从装车到运输至现场,时间宜不超过1h,超过2h时应作为废料处置。

这一时间主要控制材料的运输时间。一般情况下,如超过2h,再加上摊铺碾压成型的时间,将会超过水泥稳定材料的初凝时间,导致混合料性能的衰减。因此,在第5.1.3条的基础上提出本条规定。

5.2.21 对无机结合料稳定中、粗粒材料,在装料过程中应采取措施减小混合料的离析。

5.3 混合料人工拌和

5.3.1 混合料人工拌和工艺应包括现场准备、布料和拌和等流程。人工拌和工艺的流程如图5-8所示。

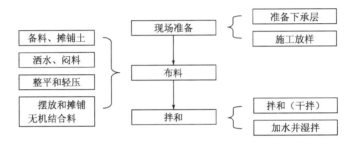

图5-8 混合料人工路拌法施工的工艺流程

5.3.2 下承层表面应平整、坚实,具有规定的路拱,下承层的平整度和压实度应符合本细则相关规定。

5.3.3 下承层为路基时,宜用12～15t三轮压路机或等效的碾压机械碾压3～4遍,并应符合下列规定:
1 在碾压过程中,发现表层松散时,宜适当洒水。
2 发现"弹簧"现象时,宜采用挖开晾晒、换土、掺石灰或水泥等措施处理。

5.3.4 下承层为粒料底基层时,应检测弯沉值。不符合设计要求时,应根据具体情况,采取措施,使之达到本细则规定的标准。

5.3.5 下承层为原路面时,应检查其材料是否符合底基层材料的技术要求;不符合要求时,应翻松原路面并采取必要的处理措施。

5.3.6 底基层或原路面上存在低洼和坑洞时,应填补及压实;对搓板和辙槽应刮除;对松散应耙松洒水并重新碾压,达到平整密实。

5.3.7 新完成的底基层或路基,应按相关标准的规定验收,验收合格后方可铺筑上层稳定材料层。

5.3.8 在槽式断面的路段,宜在两侧路肩上每隔5~10m交错开挖泄水沟。

5.3.9 应在底基层或原路面或路基上恢复中线,直线段应每15~20m设一桩,平曲线段应每10~15m设一桩,并应在两侧路肩边缘外设指示桩。

5.3.10 在两侧指示桩上应用明显标记标出稳定材料层边缘的设计高程。

5.3.11 使用原路面或路基上部材料备料时,应符合下列规定:
1 清除原路面上或路基表面的石块等杂物。
2 每隔10~20m挖一小洞,使洞底高程与预定的无机结合料稳定材料层的底面高程相同,并在洞底做一标记,控制翻松及粉碎的深度。
3 用犁、松土机或装有强固齿的平地机或推土机将原路面或路基的上部翻松到预定的深度,土块应粉碎到符合要求。
4 用犁将土向路中心翻松,使预定处治层的边部呈一个垂直面。
5 用专用机械粉碎黏性土。无专用机械时,也可用旋转耕作机、圆盘耙等设备粉碎塑性指数不大的土。

5.3.12 使用料场的材料备料时,应符合下列规定:
1 采集材料前,应将树木、草皮和杂土清除干净。
2 应筛除材料中的超尺寸颗粒。
3 应在预定的深度范围内采集材料,不宜分层采集,不应将不合格的材料与合格的材料一起采集。
4 对塑性指数大于12的黏性土,可视土质和机械性能确定是否需要过筛。

5.3.13 应按下列方法计算现场拌和时的工程数量:
1 根据各路段无机结合料稳定材料层的宽度、厚度及预定的干密度,计算各路段需要的干燥材料的数量。
2 根据料场材料的含水率和所用运料车辆的吨位,计算每车料的堆放距离。
3 根据无机结合料稳定材料层的厚度和预定的干密度及水泥剂量,计算每平方米无机结合料的用量,并确定摆放的纵横间距。

5.3.14 堆料前应用两轮压路机碾压1~2遍,整平表面,并在预定堆料的路段上洒水,使其表面湿润,但不宜过分潮湿。

5.3.15 材料装车时,应控制每车料的质量基本相等。

5.3.16 在同一料场供料的路段内,宜由远到近将料按本细则第5.3.13条的规定计算距离卸置于下承层表面的中间或两侧。应严格掌握卸料距离。

5.3.17 材料在下承层上的堆置时间不宜过长。材料运送宜比摊铺工序提前1~2d。

5.3.18 路肩用料与稳定材料层用料不同时,应先将两侧路肩培好。路肩料层的压实厚度应与稳定材料层的压实厚度相同。在两侧路肩上,宜每隔5~10m交错开挖临时泄水沟。

5.3.19 石灰稳定材料除应满足本细则第5.3.11条~第5.3.18条的规定外,尚应符合下列规定:

1 分层采集材料时,应将不同层位材料混合装车运送到现场。
2 对塑性指数小于15的黏性土,可视土质和机械性能确定是否需要过筛。
3 石灰应选择临近水源、地势较高且宽敞的场地集中覆盖封存堆放。
4 生石灰块应在使用前7~10d充分消解,消解后的石灰应保持一定的湿度,不得产生扬尘,也不可过湿成团。
5 消石灰宜过9.5mm筛,并尽快使用。
6 材料组成设计与现场实际施工的时间间隔长时,应重新做材料组成设计。
7 被稳定材料宜先摊平并用两轮压路机碾压1~2遍,再人工摊铺石灰。
8 按计算的每车石灰的纵横间距,在被稳定材料层上做标记,并画出边线。
9 用刮板将石灰均匀摊开,表面应没有空白位置。
10 应量测石灰的松铺厚度,校核石灰用量。

对本条说明如下:

(1)第3款,石灰堆放时间长时,特别在没有覆盖的情况下,其有效氧化钙和氧化镁的含量会大幅度下降,原先质量符合Ⅲ级的石灰在无覆盖情况下堆放几个月,其质量可能会降到等外石灰,影响混合料的强度和稳定性。

(2)第4款,石灰在使用前应充分消解。使用消解不充分的石灰稳定土,碾压完成后,在养生过程中,会引起局部胀松鼓包,影响稳定土层的强度和平整度。

(3)第5款,如消石灰的含水率过大,喂料斗不能均匀准确喂料,直接影响石灰剂量。

(4)第6款,如材料组成设计与现场实际施工的时间间隔长,石灰的质量可能明显降低。为保证石灰稳定材料具有规定的强度,需要重新做材料组成设计。

(5)第7款,石灰摊铺均匀是石灰在混合料中分布均匀的前提。只有在平整和具有一定密度的材料层上,人工摊铺石灰才能均匀。因此,材料需要摊平并碾压1～2遍。该款规定对稳定细粒材料和人工摊铺粒料尤为重要。

5.3.20 石灰粉煤灰稳定材料除应满足本细则第5.3.19条的规定外,尚应符合下列规定:

1 粉煤灰在场地集中堆放时,应覆盖,避免雨淋。在堆放过程中粉煤灰凝结成块时,使用前应打碎。

2 运到现场的粉煤灰应含有足够的水分,在干燥和多风季节,应采取措施保持表面湿润。

3 采用石灰粉煤灰时,应先将粉煤灰运到现场。

4 每种材料摊铺均匀后,宜先用两轮压路机碾1～2遍,再运送并摊铺下一种材料。

5.3.21 水泥稳定材料应符合下列规定:

1 被稳定材料应在摊铺水泥的前一天摊铺,雨季施工期间,预计第二天有雨时,不宜提前摊铺材料。

2 摊铺长度应按日进度的需要量控制。

3 摊铺材料过程中,应将土块、超尺寸颗粒及其他杂物拣除。土中有较多土块时,应粉碎。

4 按计算的每袋水泥摆放的纵横间距,在被稳定材料层上做标记,并将当日施工用水泥卸在做标记的地点,并检查有无遗漏和多余。

5 用刮板将水泥均匀摊开,路段表面应没有空白位置,也没有水泥过分集中的区域,每袋水泥的摊铺面积应相等。

水泥摊铺均匀是水泥在混合料中分布均匀的前提。只有在平整和具有一定密度的材料层上,人工摊铺水泥才能均匀。因此,材料必须先摊平并用两轮压路机碾压 1~2 遍。该款规定对稳定细粒土和人工摊铺粒料尤为重要。

5.3.22 混合料松铺系数可采用表 5.3.22 中的推荐值,也可通过试验确定。

表 5.3.22 混合料松铺系数推荐值

混合料类型	材料名称	松铺系数	备 注
水泥稳定材料	中、粗粒材料	1.30~1.35	—
	细粒材料	1.53~1.58	现场人工摊铺土和水泥,机械拌和,人工整平
石灰稳定材料	石灰土	1.53~1.58	现场人工摊铺土和石灰,机械拌和,人工整平
		1.65~1.70	路外集中拌和,运到现场人工摊铺
	石灰土砾石	1.52~1.56	路外集中拌和,运到现场人工摊铺
石灰粉煤灰稳定材料	细粒材料	1.5~1.7	—
	中、粗粒材料	1.3~1.5	—
	石灰煤渣土	1.6~1.8	人工铺筑
	石灰煤渣稳定材料	1.3~1.5	
		1.2~1.3	用机械拌和及机械整形
级配碎石		1.40~1.50	人工摊铺混合料
		1.25~1.35	平地机摊铺混合料

5.3.23 应检验松铺土层的厚度,其厚度应满足预定的要求。

5.3.24 人工摊铺的土层整平后,应采用两轮压路机碾压 1~2 遍,使其表面平整,并有一定的压实度。

5.3.25 已整平材料含水率过小时,应在土层上洒水闷料,且应符合下列规定:

1 洒水应均匀。
2 严禁洒水车在洒水段内停留和掉头。

3 采用高效率的路拌机械时,闷料时宜一次将水洒够。

4 采用普通路拌机械时,闷料时所洒水量宜较最佳含水率低2~3个百分点。

5 细粒材料应经一夜闷料,中粒和粗粒材料可视其中细粒材料的含量,缩短闷料时间。

6 对综合稳定材料,应先将石灰和土拌和后一起闷料。

7 对水泥稳定材料,应在摊铺水泥前闷料。

洒水闷料的目的是使水分在集料层内分布均匀并透入颗粒和大小土团的内部。洒水闷料还可以减少拌和过程中的洒水次数和数量,从而缩短延迟时间,这对稳定细粒土特别重要。在采用高效率的路拌机械(如宝马拌和机)时,由于通常只需拌和两遍,为缩短延迟时间,闷料时可一次将水洒够。但在采用普通路拌机械特别是农业机械拌和时,由于拌匀需要的时间长,闷料时所洒的水量宜较最佳含水率低2~3个百分点(主要对细粒土和含细土较多的粒料土)。因为水泥与潮湿土相接触,就要发生水化作用。

5.3.26 级配碎石或砾石施工应符合下列规定:

1 用平地机或其他合适的机具将材料均匀地摊铺在预定的宽度上,表面应平整,并具有规定的路拱。

2 采用不同粒级的碎石和石屑时,宜将大粒径碎石铺在下层,中粒径碎石铺在中层,小粒径碎石铺在上层,洒水使碎石湿润后,再摊铺石屑。

3 对未筛分碎石,摊铺平整后,应在其较潮湿的情况下,将石屑卸置其上,用平地机并辅以人工将石屑均匀摊铺在碎石层上。

4 检查材料层的松铺厚度,必要时,应进行减料或补料工作。

5 同时摊铺路肩用料。

对未筛分碎石,一定要在较潮湿情况下往上铺撒石屑,否则一旦开始拌和,石屑就会落到底部。

5.3.27 严禁在拌和层底部留有素土夹层,并应符合下列规定:

1 采用专用稳定材料拌和设备拌和时,设专人随时检查拌和深度,并配合拌和设备操作员调整拌和深度。

2 拌和深度应达稳定层底并宜侵入下承层不小于5~10mm。

路拌法施工稳定土时,很关键的一点是拌和层底部不能留有素土夹层,特别在两层稳定土之间不能有素土夹层。素土夹层不单使上下层间没有黏结,减少上层稳定土的厚度,明显减弱路面整体抵抗行车荷载的能力;在稳定细粒土的情况下,素土夹层还会由于含水率增大而变成软夹层,导致其上的沥青面层过早破坏。

实践证明,即使使用进口的宝马拌和机,也难于避免在拌和层底部出现素土夹层。为消除素土夹层,某些工地在宝马拌和机后面跟着用多铧犁翻犁一遍,然后再用宝马拌和机拌和一遍,但也不能保证清除素土夹层。如路基上层已用石灰或固化剂处理,则底基层的各层都要用集中拌和法拌制混合料,以保证已处理的土基发挥较好的作用。

用农用机械拌和时,既需要有拌和机械,又需要有从底部将料翻起的机械。由于农用机械的转速低,拌和深度浅,需特别注意拌和的均匀性。用农用机械时,通常需要较多拌和遍数,因此还需特别注意延迟时间。实践证明,用农用机械拌和的效果远不如用专用拌和机拌和的效果好。

5.3.28 二级以下公路在没有专用拌和设备时,可用农用旋转耕作机与多铧犁或平地机相配合拌和,拌和时间不可过长。

5.3.29 对石灰稳定材料,在拌和时应符合下列规定:

1 对石灰稳定碎石或砾石,先将石灰和需添加的黏性土拌和均匀,然后均匀地摊铺在碎石或砾石层上,再一起拌和。

2 对石灰稳定塑性指数大的黏土,宜先加70%~100%预定剂量的石灰拌和,闷放1~2d,再补足需用的石灰,进行第二次拌和。

5.3.30 对石灰粉煤灰稳定中、粗粒材料,应先将石灰和粉煤灰拌和均匀,然后均匀地摊铺在材料层上,再一起拌和。

5.3.31 拌和过程结束时,应及时检测含水率,含水率宜略大于最佳值。含水率不足时,宜用喷管式洒水车补充洒水。洒水车不应在正拌和以及当天计划拌和的路段上掉头和停留。

碾压时混合料的含水率可以略大于最佳含水率,是为了弥补碾压过程中水分的损失。

5.3.32 洒水后,应及时再次拌和。

5.3.33 混合料拌和均匀后应色泽一致,没有灰条、灰团和花面,以及无明显粗细集料离析现象。

对于二灰粒料来说,拌和均匀特别是没有粗集料"窝"(或"带")是很重要的。粗集料"窝"(或"带")不能形成整体,其上沥青面层容易产生荷载型网裂,一旦雨水进入,会造成局部早期破坏(唧浆、变形)。因此,在拌和和整形过程中都要注意消除粗集料"窝"(或"带")。

应严格掌握混合料的含水率,碾压时混合料的含水率可以略大于(0.5~1.0个百分点)最佳含水率,以弥补碾压过程中水分的损失。含水率过大,既会影响混合料可能达到的密度和强度,又会明显增大混合料的干缩性,使结构层容易产生干缩裂缝;含水率过小,也会影响混合料可能达到的密度和强度。

5.3.34 对二级以下公路的级配碎石,可采用平地机或多铧犁与缺口圆盘耙相配合拌和,应符合下列规定:

1 用稳定材料拌和设备时,应拌和两遍以上,拌和深度应直到级配碎石层底。

2 用平地机拌和时,宜翻拌5~6遍,使石屑均匀分布于碎石料中。平地机拌和的作业长度,每段宜为300~500m。

3 用缺口圆盘耙与多铧犁相配合拌和级配碎石时,多铧犁在前面翻拌,圆盘耙紧跟在后面拌和,共翻耙4~6遍,应随时检查调整翻耙的深度。

4 拌和结束时,混合料的含水率和均匀性应符合本细则第5.3.33条的要求。

5.3.35 使用在料场已拌和均匀的级配碎石或砾石混合料,摊铺后有粗细颗粒离析现象时,应用平地机补充拌和。

5.4 摊铺机摊铺与碾压

5.4.1 混合料摊铺应保证足够的厚度,碾压成型后每层的摊铺厚度宜不小于160mm,最大厚度宜不大于200mm。

5 混合料生产、摊铺及碾压

规定每层压实厚度 160~200mm 是从一般设备的能力和要求出发考虑的,并不是绝对标准。由于材料层压实后,其密实度总是上部大、下部小,有时上下部的压实度可能差 8%~10%,为达到高的压实度,宜将一次压实厚度减小。例如,澳大利亚维多利亚州的双层表面处治级配碎石路面,施工时 40cm 厚级配碎石分四层施工,每 10cm 一层。他们采用级配碎石的公称最大粒径 19mm,19~26.5mm (方孔筛)颗粒的含量为 0~5%,采用集中厂拌法拌制不同粒级的碎石和用摊铺机摊铺混合料,用振动压路机压实,所得级配碎石层质量相当均匀,其平均压实度达到 102%,标准差为 2%。

5.4.2 具有足够的摊铺能力和压实功率时,可增加碾压厚度,具体的摊铺厚度应根据试验结果确定。大厚度的摊铺施工时,应增加相应的拌和能力。

近些年,某些工程出现摊铺厚度大于 200mm 的情况,如碾压厚度为 240mm 或 280mm。碾压厚度的增加,可以减少结构层的数量,改善层间结合,提高路面结构的整体性。但是要实现大厚度摊铺碾压,需要具备相应的大功率摊铺设备和足够的碾压设备和碾压功率。同时需要通过灌砂、钻芯等手段加强质量抽检,确保摊铺混合料的压实度、均匀性满足技术要求。

摊铺碾压能力提升的同时,要求拌和能力的匹配。混合料拌和能力没有提高时,大厚度摊铺不能有效提高混合料的施工效率,反而出现严重的等料情况,影响混合料摊铺的均匀性,造成过多的施工缝,影响施工质量。因此,如混合料的摊铺厚度为 240mm,比传统的 200mm 增加 20% 的厚度,那么,混合料的拌和能力也需要提高 20%。

在拌和、摊铺、碾压能力具备的条件下,2014 年交通运输部公路科学研究院在广西某高速公路上进行了水泥稳定级配碎石不同碾压厚度的对比试验。表 5-2 为该试验路采用的级配。分别按照 26cm、29cm、32cm 和 35cm 四种不同碾压厚度进行施工。表 5-3 为不同碾压厚度条件下的现场压实厚度及压实度检测结果。可见,对于 26cm、29cm 的设计厚度,压实度大多大于 100%;而 32cm 的设计厚度,压实度在 100% 左右;而 35cm 的设计厚度,压实度均在 97%~99% 之间。这说明,随着压实厚度的增加,压实度也在不断减小,宜控制合理的压实厚度。该试验路段平整度检测结果:均方差最大为 2.16,最小为 1.71,总体上满足要求。

表 5-2　水泥稳定级配碎石级配(%)

筛孔(mm)	31.5	26.5	19	13.2	9.5	4.75	2.36	1.18	0.6	0.3	0.15	0.075
设计级配	100.0	92.0	78.3	65.6	56.0	40.0	27.1	18.5	12.7	8.6	5.9	4.0
生产级配	99.6	95.8	77.6	62.2	52.3	38.4	24.2	16.9	11.1	6.9	4.9	2.6

表 5-3　不同碾压厚度时的现场压实度

碾压厚度	测点桩号	K34+084	K34+056	K34+003	K33+984	K33+938	K33+760	K33+700
26cm	实际厚度(cm)	26	29	27	26.8	27.2	31	27.8
	湿密度(g/cm³)	2.6664	2.5688	2.5472	2.5697	2.5821	2.6610	2.5328
	干密度(g/cm³)	2.5528	2.4577	2.4528	2.4623	2.4701	2.5386	2.4112
	含水率(%)	4.45	4.52	3.85	4.37	4.53	4.82	5.04
	压实度(%)	104.9	101.0	100.8	101.2	101.5	104.3	99.1
碾压厚度	测点桩号	K33+644	K33+587	K33+416	K33+400	K33+340	—	—
29cm	实际厚度(cm)	31.6	31	29.2	30.5	30.7	—	—
	湿密度(g/cm³)	2.5474	2.5515	2.4385	2.4933	2.5427	—	—
	干密度(g/cm³)	2.4356	2.4409	2.3420	2.3756	2.4495	—	—
	含水率(%)	4.59	4.53	4.12	4.96	3.80	—	—
	压实度(%)	100.1	100.3	96.2	97.6	100.6	—	—
碾压厚度	测点桩号	K33+138	K33+132	K33+055	—	—	—	—
32cm	实际厚度(cm)	36.2	32.1	34.2	—	—	—	—
	湿密度(g/cm³)	2.5506	2.5843	2.5508	—	—	—	—
	干密度(g/cm³)	2.4278	2.4685	2.4508	—	—	—	—
	含水率(%)	5.06	4.69	4.08	—	—	—	—
	压实度(%)	99.7	101.4	100.7	—	—	—	—
碾压厚度	测点桩号	K32+860	K32+831	K32+730	K32+593	—	—	—
35cm	实际厚度(cm)	37.8	37.5	39	35.8	—	—	—
	湿密度(g/cm³)	2.5327	2.4775	2.4959	2.5351	—	—	—
	干密度(g/cm³)	2.4171	2.3746	2.3889	2.4221	—	—	—
	含水率(%)	4.79	4.34	4.48	4.66	—	—	—
	压实度(%)	99.3	97.6	98.1	99.5	—	—	—

各试验段养生 7d 后,进行了现场取芯。图 5-9 显示的芯样厚度为 40.5cm,图 5-10 显示了从 26cm 至 35cm 的试验段所取芯样的基本情况。从取芯情况来看,

所有芯样均能够完整取出,且上、下端平整,侧壁无孔洞,保持了很好的完整性。说明随着设备能力的提升,适当提高结构层压实厚度是可行的,但前提是施工中各个环节均有较好的配套以及质量检测评价方法。

图 5-9 芯样厚度 40.5cm

图 5-10 26~35cm 的芯样情况

5.4.3 应在下承层施工质量检测合格后,开始摊铺上面结构层。采用两层连续摊铺时,下层质量出现问题时,上层应同时处理。

上下两层连续摊铺可以有效改善层间结合状态,缩短养生周期并节约成本,缩短施工工期,因此被不少建设单位和施工单位使用。但是,这种施工方法缺乏对下层质量的有效控制。鉴于目前国内的施工现状,两层连续摊铺的施工工艺需慎重采用。

5.4.4 下承层是稳定细粒材料时,宜先将下承层顶面拉毛或采用凸块式压路机碾压,再摊铺上层混合料;下承层是稳定中、粗粒材料时,应先将下承层清理干净,并洒铺水泥净浆,再摊铺上层混合料。

5.4.5 应采用摊铺功率不低于 120kW 的沥青混凝土摊铺机或稳定材料摊铺机摊铺混合料。

5.4.6 采用两台摊铺机并排摊铺时,两台摊铺机的型号及磨损程度宜相同。在施工期间,两台摊铺机的前后间距宜不大于 10m,且两个施工段面纵向应有 300~400mm 的重叠。

5.4.7 对无法使用机械摊铺的超宽路段,应采用人工同步摊铺、修整,并同时碾压成型。

5.4.8 摊铺机前宜增设橡胶挡板,橡胶挡板底部距下承层距离宜不大于100mm。

5.4.9 在摊铺机后面应设专人消除粗细集料离析现象,及时铲除局部粗集料堆积或离析的部位,并用新拌混合料填补。

5.4.10 对高速公路和一级公路,在摊铺过程中宜设立纵向模板。

5.4.11 二级以下公路没有摊铺机时,可采用摊铺箱摊铺混合料。

5.4.12 水泥稳定材料结构层施工时,应在混合料处于或略大于最佳含水率的状态下碾压。气候炎热干燥时,碾压时的含水率可比最佳含水率增加0.5~1.5个百分点。

5.4.13 石灰稳定材料和石灰粉煤灰稳定材料碾压时应处于最佳含水率或略大于最佳含水率状态,含水率宜增加1~2个百分点。

5.4.14 应根据施工情况配备足够的碾压设备,并应符合下列规定:

1 双向四车道高速公路或一级公路的半幅摊铺时,应配备不少于4台重型压路机。

2 双向六车道的半幅摊铺时,应配备不少于5台重型压路机。

5.4.15 应安排专人负责指挥碾压,严禁漏压和产生轮迹。

5.4.16 采用钢轮压路机初压时,宜采用双钢轮压路机稳压2~3遍,再用激振力大于35t的重型振动压路机、18~21t三轮压路机或25t以上的轮胎压路机继续碾压密实,最后采用双钢轮压路机碾压,消除轮迹。

5.4.17 采用胶轮压路机初压时,应采用25t以上的重胶轮压路机稳压1~2遍,错轮不超过1/3的轮迹带宽度,再采用重型振动压路机碾压密实,最后采用双钢轮压路机碾压,消除轮迹。

工程实践证明,胶轮碾压方式对厚度较大的稳定中、粗粒材料结构层具有良好的碾压效果,可以有效减少碾压过程中造成的施工离析,提高压实度。但是在后续的碾压过程中要注意消除轮迹(图 5-11、图 5-12)。

图 5-11　胶轮压路机碾压第一次效果　　　图 5-12　胶轮压路机错轮碾压 2 遍后效果

5.4.18　对稳定细粒材料,在采用上述碾压工艺时,最后的碾压收面可采用凸块式压路机碾压。

采用凸块式压路机碾压时,需注意土质类型和碾压时机。

5.4.19　在碾压过程中出现软弹现象时,应及时将该路段混合料挖出,重新换填新料碾压。

5.4.20　碾压成型后的表面应平整、无轮迹。

碾压完成后,在保证压实度的前提下,路面表面没有轮迹是基本的施工要求。

5.4.21　碾压过程中,压路机严禁随意停放,应停放在已碾压完成的路段。

5.4.22　混合料摊铺时,应保持连续。对水泥稳定材料,因故中断时间大于 2h 时,应设置横向接缝,并应符合下列规定:

1　人工将末端含水率合适的混合料整齐,紧靠混合料末端放两根方木,方木的高度应与混合料的压实厚度相同,整平紧靠方木的混合料。

2　方木的另一侧用砾石或碎石回填约 3m 长,其高度应高出方木 2~3cm,并碾压密实。

3　在重新开始摊铺混合料之前,应将砾石或碎石和方木除去,并将下承层顶面清扫干净。

4　摊铺机应返回到已压实层的末端,重新开始摊铺混合料。

5 摊铺中断大于2h且未按上述方法处理横向接缝时,应将摊铺机附近及其下面未经压实的混合料铲除,并将已碾压密实且高程和平整度符合要求的末端挖成与路中心线垂直并垂直向下的断面,再摊铺新的混合料。

5.4.23 摊铺时宜避免纵向接缝,分两幅摊铺时,纵向接缝处应加强碾压。存在纵向接缝时,纵缝应垂直相接,严禁斜接,并应符合下列规定:

1 在前一幅摊铺时,宜在靠中央的一侧用方木或钢模板做支撑,方木或钢模板的高度应与稳定材料层的压实厚度相同。

2 应在摊铺另一幅之前拆除支撑。

如不按规定做成垂直相接,接缝处就会成为一条薄弱带,该薄弱带上沥青面层会很快龟裂破坏。

5.4.24 碾压贫混凝土等强度较高的基层材料成型后可采用预切缝措施,应符合下列规定:

1 预切缝的间距宜为8~15m。

2 宜在养生的3~5d内切缝。

3 切缝深度宜为基层厚度的1/2~1/3,切缝宽度约5mm。

4 切缝后应及时清理缝隙,并用热沥青填满。

5.5 人工摊铺与碾压

5.5.1 混合料拌和均匀后,应及时用平地机初步整形。

在直线段,平地机由两侧向路中心刮平;在平曲线段,平地机由内侧向外侧刮平。必要时,再返回刮一遍。

5.5.2 在初平的路段上,应用拖拉机、平地机或轮胎压路机快速碾压一遍。

5.5.3 整形前,对局部低洼处应用齿耙将其表层50mm以上的材料耙松,并用新拌的混合料找平,再碾压一遍。

5.5.4 应用平地机再整形一次,应将高处料直接刮出路外,严禁形成薄层贴

5 混合料生产、摊铺及碾压

补现象。

5.5.5 反复整形,直至满足技术要求,每次整形都应达到规定的坡度和路拱。

5.5.6 人工整形时,应用锹和耙先将混合料摊平,用路拱板整形。用拖拉机初压1~2遍后,应根据实测松铺系数,确定纵横断面高程,并设置标记和挂线。

5.5.7 在整形过程中,严禁任何车辆通行,并应保持无明显的粗细集料离析现象。

平地机整形易将粗集料刮到表面,造成离析和粗细集料"窝"(或"带"),而且平地机来回刮平的次数愈多,离析现象可能愈严重。形成的粗集料"窝"或"带"不能黏结成一个整体,通车后容易引起沥青面层局部破坏,其危害较细集料"窝"更严重。应设一小组负责消除平地机整形后的粗细集料"窝"或"带"的现象。例如,将粗集料铲除,换以新鲜的拌和均匀的混合料。

在整形过程中,严禁形成薄层贴补现象。薄层贴补容易脱落和被推移,也容易被压碎和产生唧浆现象,导致其上面层破坏。因此,不能在表面光滑的低洼处填补新料。

5.5.8 应根据路宽、压路机的轮宽和轮距的不同,制订碾压方案,使各部分碾压到的次数尽量相同,路面的两侧宜多压2~3遍。

5.5.9 整形后,混合料的含水率满足要求时,应立即对结构层进行全宽碾压。在直线段和不设超高的平曲线段,宜从两侧路肩向路中心碾压,且轮迹应重叠1/2轮宽,后轮应超过两段的接缝处。碾压次数宜为6~8遍。

5.5.10 压路机前两遍的碾压速度宜为1.5~1.7km/h,以后宜为2.0~2.5km/h。

5.5.11 采用人工摊铺和整形的稳定材料层,宜先用拖拉机或6~8t两轮压路机或轮胎压路机碾压1~2遍,再用重型压路机碾压。

5.5.12 严禁压路机在已完成的或正在碾压的路段上掉头或紧急制动。

5.5.13 碾压过程中,无机结合料稳定材料的表面应始终保持湿润,水分蒸发过快时,宜及时补洒少量的水,严禁大量洒水。

5.5.14 碾压过程中,有"弹簧"、松散、起皮等现象时,应及时翻开重新拌和或用其他方法处理。

5.5.15 在碾压结束前,应用平地机终平一次,纵坡、路拱和超高应符合设计要求。终平时,应将局部高出部分刮除并扫出路外;对局部低洼之处,不再找补。

5.5.16 碾压应达到要求的压实度,并没有明显的轮迹。

5.5.17 级配碎石施工,应符合下列规定:

1 用平地机按规定的路拱整平和整形。在整形过程中,应消除粗细集料离析。

2 用拖拉机、平地机或轮胎压路机在已初平的路段上快速碾压一遍,再用平地机整平和整形。

5.5.18 同日施工的两工作段的衔接处理应符合下列规定:

1 前一段拌和整形后,留 5~8m 不碾压。

2 后一段施工时,在前一段的未压部分再加部分水泥重新拌和,并与后一段一起碾压。

5.5.19 应做好每天最后一段的施工缝,并应符合下列规定:

1 在已碾压完成的无机结合料稳定材料层末端,挖一条横贯铺筑层全宽的宽约300mm的槽,直至下承层顶面。形成与路的中心线垂直并垂直向下的断面,并放两根与压实厚度等厚、长为全宽一半的方木紧贴垂直面,见图5.5.19。

2 用原挖出的材料回填槽内其余部分。

3 第二天邻接作业段拌和后除去方木,用混合料回填。

4 靠近方木未能拌和的一小段,应人工补充拌和。

5 整平时,接缝处的稳定材料应较已完成断面高出约50mm。

6 新混合料碾压过程中,应将接缝修整平顺。

5 混合料生产、摊铺及碾压

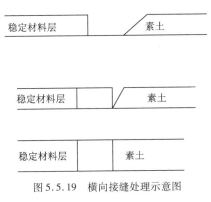

图 5.5.19 横向接缝处理示意图

5.5.20 施工机械掉头处应符合下列规定：

1 在准备用于掉头的 8~10m 长的稳定材料层上，覆盖一张厚塑料布或油毡纸，再铺上约 100mm 厚的土、砂或砾石。

2 整平时，宜用平地机将塑料布或油毡纸上大部分材料除去，再人工除去余下的材料，并收起塑料布或油毡纸。

5.5.21 水泥稳定材料层的施工应避免纵向接缝。分两幅施工时，纵缝应垂直相接，并应符合下列规定：

1 前一幅施工时，在靠中央一侧应用与稳定材料层的压实厚度相同的方木或钢模板作支撑。

2 混合料拌和结束后，靠近支撑的部分，应人工补充拌和，再整形和碾压。

3 应在铺筑后一幅之前拆除支撑。

4 后一幅混合料拌和结束后，靠近前一幅的部分，宜人工补充拌和，再整形和碾压。

5.5.22 级配碎石施工的接缝处理应符合下列规定：

1 两作业段的衔接处应搭接拌和、整平和碾压。

2 宜避免纵向接缝。在分两幅铺筑时，纵缝应搭接拌和、整平和碾压，搭接宽度宜不小于 300mm。

6 养生、交通管制、层间处理及其他

6.1 一般规定

6.1.1 无机结合料稳定材料层碾压完成并经压实度检查合格后,应及时养生。

6.1.2 无机结合料稳定材料的养生期宜不少于7d,养生期宜延长至上层结构开始施工的前2d。

严格意义上说,基层从摊铺碾压完成,到铺筑上层结构层之前都属于养生期。因此,施工单位需制定合理的施工组织设计,安排好工序。

7d是无机结合料稳定材料施工质量控制的一个时间节点。在第7天需要开展一系列的质量评定检测,因此,一般情况下,无机结合料稳定材料施工后需要养生7d。但这并不意味着,仅需要养生7d,其养生期可直至上承层铺设之前。本细则之所以给定提前2d结束养生,是因为在上承层施工之前,需要对现有施工断面进行清理并进行施工机械的调运、安装以及必要的层间处理。

在实际工程中,应合理控制养生期。养生期过长,不仅增加施工成本,而且不利于基层质量的保证。

水泥稳定材料碾压结束后,通常应养生7d,待其达到一定强度后再开始下一道工序。对于水泥稳定碎石类材料来说,养生期7d说明两个问题:一是,该层结构层具有一定强度,以利于上层结构的施工;二是,作为这种材料施工质量过程化控制的一个节点,在第7天可以开展相关的质量检测和评价。

仅养生1~2d就铺筑沥青面层,只适用于用小型机械施工的情况。用现代化的重型车辆和铺筑机械施工沥青面层时,容易在基层顶面形成辙槽形变,影响后续沥青面层的平整度。利用重型卡车运送混凝土时,应确保路段养生期达到7d以上。

6.1.3 养生可采取洒水养生、薄膜覆盖养生、土工布覆盖养生、铺设湿砂养生、草帘覆盖养生、洒铺乳化沥青养生等方式,宜结合工程实际情况选择适宜的方式。

6.1.4 养生期间应封闭交通,除洒水车和小型通勤车辆外严禁其他车辆通行。

无机结合料稳定材料结构层养生7d后,其结构强度仍无法承受施工期间各种运料车的荷载,极易导致各种裂缝的产生,因此有必要封闭交通。

6.1.5 无机结合稳定材料层过冬时应采取必要的保护措施。

为了保证无机结合料稳定材料的质量,防止低温损伤,需要合理安排基层施工时间,避免基层暴露过冬或者采取必要的处置措施。对于不得已需要直接暴露过冬的水泥稳定材料,应采取其上覆盖100~200mm的砂土保护层等措施。

6.1.6 根据结构层位的不同和施工工序的要求,应择机进行层间处理。

近些年来,加强半刚性结构层之间的层间结合问题引起广泛重视,本细则提出的采用凸块式压路机碾压是加强路基与底基层之间有效结合的措施之一,如图6-1和图6-2所示。应用这一技术时需要注意,这种方法的效果与土质类型以及碾压的时机有关,应通过试验路进行确定。

图6-1 凸块式压路机碾压

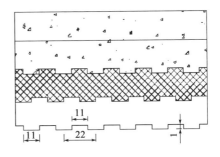

图6-2 凸块式压路机碾压后的层间状态
（尺寸单位:cm）

无机结合料稳定材料结构层之间,无机结合料稳定材料结构层与沥青面层之间的层间结合是两类不同性质的层间结合,因此采取不同原理的层间结合处理措施。

无机结合料稳定材料结构层之间的层间结合属于"同质材料"的层间结合,上下结构层都是无机结合料稳定材料,有着相同或者相近的物理力学性质。可采用"硬结合"措施,如采用凸块式压路机碾压、洒水泥浆、上下结构层连续施工等措施。特别是凸块式压路机适用于无机结合料稳定细集料结构层之间层间结合施工(此时需注意土质类型)。

半刚性基层与沥青面层之间的层间结合属于"异质材料"的层间结合,由于这两种材料的物理、力学性质相差较大,当沥青面层较薄时,或交通荷载较重时,这两种材料之间的层间结合问题尤为突出。由于沥青混合料性质受温度、荷载等因素影响较大,严格从力学角度说,在使用过程中沥青面层与半刚性基层之间不可能存在完全连续状态,之间总会存在一定的应力差或者应变差。因此,这两个结构层之间结合以"软结合"为主,以尽量消减结构层之间的应力差或应变差为主要目的,也就是现在国内有些工程上使用的热洒铺改性沥青或重交沥青,有的地方称为应力吸收联结层(SAMI)或者防水黏结层。

6.2 养生方式

6.2.1 洒水养生宜作为水泥稳定材料的基本养生方式,并应符合下列规定:
1 每天洒水次数应视气候而定。高温期施工,宜上、下午各洒水2次。
2 养生期间,稳定材料层表面应始终保持湿润。
3 对于石灰稳定或石灰粉煤灰稳定材料层应注意表层情况,必要时,可用两轮压路机补充压实。

洒水养生是水泥稳定材料最常用的养生方式,但受到当地水资源的限制,较适用于我国南方雨水较多的地区。采用这种方法关键在于及时洒水,不能使无机结合料稳定材料表面过于干燥,特别在夏季高温地区,蒸发量比较大,洒水次数需要增加。否则材料会产生比较强烈的干缩现象,导致裂缝的产生。

6.2.2 薄膜覆盖养生应符合下列规定:
1 混合料摊铺碾压成型后,可覆盖薄膜,薄膜厚度宜不小于1mm。
2 薄膜之间应搭接完整,避免漏缝,薄膜覆盖后应用砂土等材料呈网格状堆填,局部薄膜破损时,应及时更换。
3 养生至上层结构层施工前1~2d,方可将薄膜掀开。

4 对蒸发量较大的地区或养生时间大于15d的工程,在养生过程中应适当补水。

薄膜覆盖养生是缺水地区常用的一种养生方式,甚至在我国南方地区也使用。这种方法最大的优点在于省水。在铺设薄膜前,一般先在无机结合料稳定材料层上面大量洒水。铺设的薄膜一般分两类。一类是较厚的白色塑料布,这种薄膜密闭不透水,紧贴在材料层表面,在日光的作用下,经过长时间的养生,由于无机结合料稳定材料内部水分上升,无机结合料稳定材料表面形成较为致密的状态。国内一些工程的检测表明,这种养生方式将导致材料内部水分分布不均匀,往往表面水分较多,而下部水分较少。当薄膜打开后很容易产生表面裂缝。为了避免这种问题,一方面应合理选择薄膜打开的时机,不能过早;另一方面国内有些单位研发了一种新型的养生薄膜,这种薄膜表面一侧粘贴了许多吸水的颗粒,在铺时,将粘贴这种颗粒的一面向下铺设在被养生材料表面,这些颗粒遇水膨胀,可调节养生材料表面的含水率,同时在养生材料表面与薄膜之间形成一个空气隔离层,减轻水分过分集中于材料表面。实践表明,这种养生方式比一般的塑料布的效果好,当然,价格也比较高。

铺设薄膜,覆盖严密是必要条件,否则将失去效果。同时,在我国北方地区,为了防止风沙将薄膜吹走,薄膜上面应用一定的覆盖物压住。图6-3和图6-4为内蒙古某工程薄膜覆盖后的固定状态,值得推广使用。

图6-3 铺设塑料薄膜

图6-4 采用网格、沙袋固定薄膜

薄膜覆盖养生的缺点在于,长期养生时,养生材料的补水比较困难。理论上讲,在无机结合料稳定材料的强度形成过程中,需要进行不断地水化反应,那么按照击实试验确定的最佳含水率是否能够满足其强度形成所需的含水率并不确定,因此,需要在养生过程中适当补水。当铺设薄膜经过一段时间养生后补水时,需要将薄膜打开进行补水,但此时极易将薄膜损坏,应及时替换破损的薄膜。

6.2.3 土工布养生应符合下列规定:

1 宜采用透水式土工布全断面覆盖,也可铺设防水土工布。

2 铺设过程中应注意缝之间的搭接,不应留有间隙。

3 铺设土工布后,应注意洒水,每天洒水次数应视气候而定。高温期施工,上、下午宜各洒水一次。

4 养生至上层结构层施工前1~2d,方可将土工布掀开。

5 在养生过程中应采取有效措施防止土工布破损。

土工布覆盖养生与薄膜覆盖养生有类似之处,当采用不透水的防水土工布时,基本与薄膜覆盖一样。当采用透水的土工布时,与薄膜覆盖养生相比,可避免养生材料水分向上迁移的不利影响,可保证养生材料内部水分比较均匀,减少开裂。但是,为了保证养生材料的水分充足,需要经常洒水。

不同地区,根据当地经验可采用不同类型的土工布,如:新疆等地提出采用毡子或厚土工布进行覆盖养生,这也是土工布养生的一种形式。

6.2.4 铺设湿砂养生应符合下列规定:

1 砂层厚宜为70~100mm。

2 砂铺匀后,宜立即洒水,并在整个养生期间保持砂的潮湿状态,不得用湿黏性土覆盖。

3 养生结束后,应将覆盖物清除干净。

6.2.5 草帘覆盖养生应符合下列规定:

1 全断面铺设草帘。

2 草帘铺设后应注意洒水,每天洒水的次数应视气候而定。高温期施工,上、下午宜各洒水一次,每次洒水应将草帘浸湿。

3 必要时可采用土工布与草帘双层覆盖养生。

6.2.6 对沥青面层厚度大于20cm的结构或二级及二级以下公路的无机结合料稳定材料的基层可采用洒铺乳化沥青方式养生,并应符合下列规定:

1 表面干燥时,宜先喷洒少量水,再喷洒沥青乳液。

2 采用稀释沥青时,宜待表面略干时再喷洒沥青。
  3 在用乳液养生前,应将基层清扫干净。
  4 沥青乳液的沥青用量宜采用 0.8~1.0kg/m²,分两次喷洒。
  5 第一次喷洒时,宜采用沥青含量约 35% 的慢裂沥青乳液,第二次宜喷洒浓度较大的沥青乳液。
  6 不能避免施工车辆通行时,应在乳液破乳后撒布粒径 4.75~9.5mm 的小碎石,做成下封层。

采用洒铺乳化沥青方式养生曾在我国不少工程上使用过,但实践表明,这种方法不利于基层与沥青面层的有效结合,特别对于极重、特重交通荷载等级,或沥青面层厚度小于 180mm 的路面结构。因此,其使用条件需要限定。

半刚性基层碾压完成后,在潮湿状态下洒铺乳化沥青,的确有利于基层养生,但众所周知,半刚性基层表面碾压后存有一定的浮浆,需要在铺筑沥青面层前清理干净。如清理比较彻底,原来洒铺的乳化沥青基本清理干净,在铺设沥青面层前还需要重新洒铺,造成工程成本的增加;反之,在大多数情况下,不对浮浆进行处理,将对层间结合造成不利的隐患。因此,本条款对这种养生方式的使用予以限定。

6.3 交通管制

6.3.1 正式施工前宜建好施工便道。对高速公路和一级公路,无施工便道,不应施工。

修建施工便道主要是为了施工期间便于大型施工车辆的通行,避免对强度尚未形成的无机结合料稳定材料结构层的碾压,干扰其养生以及造成早期损伤。

6.3.2 无机结合料稳定材料养生期间,小型车辆和洒水车的行驶速度应小于 40km/h。

行驶速度过快,容易造成养生路段覆盖材料的损坏。

6.3.3 无机结合料稳定材料养生 7d 后,施工需要通行重型货车时,应有专人指挥,按规定的车道行驶,且车速应不大于 30km/h。

6.3.4 级配碎石、级配砾石基层未做透层沥青或铺设封层前,严禁开放交通。

6.3.5 无法安排施工便道而需要车辆通行时,应符合下列规定:

1 合理安排施工工序,保障 7~15d 的养生期。
2 宜在硬路肩或临时停车带的位置划出专门车道,专人指挥车辆通行。
3 无机结合料稳定材料应适当提高早期强度。
4 限定载重车辆的轴载,应不大于 13t。

6.4 无机结合料稳定材料层之间的处理

6.4.1 在上层结构施工前,应将下层养生用材料彻底清理干净。

6.4.2 应采用人工、小型清扫车以及洒水冲刷的方式将下层表面的浮浆清理干净。下承层局部存在松散现象时,也应彻底清理干净。

6.4.3 下承层清理后应封闭交通。在上层施工前 1~2h,宜撒布水泥或洒铺水泥净浆。

6.4.4 可采用上下结构层连续摊铺施工的方式,每层施工应配备独立的摊铺和碾压设备,不得采用一套设备在上下结构层来回施工。

近些年一些工程提出采用上下结构层连续施工的方式保证层间结合,但这样施工需配备两套摊铺设备,同时也要求拌和设备具有足够的生产能力,才能保证上下结构层的连续施工。

采用这种施工方式时,施工单位和业主必须配备相关的质量检测手段,承担相应的质量风险和经济风险。由于上下两层连续摊铺,总厚度一般在 30~40cm 之间,当出现下层芯样不完整,存在质量缺陷时,上层结构层不论好坏都需要进行返工处理。

6.4.5 稳定细粒材料结构层施工时,根据土质情况,最后一道碾压工艺可采用凸块式压路机碾压。

6.5 无机结合料稳定材料基层与沥青面层之间的处理

6.5.1 在沥青面层施工前 1~2d 内,应清理基层顶面。

6.5.2 应彻底清除基层顶面养生期间的覆盖物。

6.5.3 应采用人工清扫、小型清扫车、空压机以及洒水冲刷等方式将基层表面的浮浆清理干净,并应符合下列规定:

1 基层表面达到无浮尘、无松动状态。
2 清理出小坑槽时,不得用原有基层材料找补。
3 清理出较大范围松散时,应重新评定基层质量,必要时宜返工处理。

6.5.4 在基层表面干燥的状态下,可洒铺透层油。透层油宜采用稀释沥青、煤沥青或乳化沥青,沥青洒铺量宜为 $0.3~0.6kg/m^2$。

6.5.5 透层油施工后严禁一切车辆通行,直至上层施工。

6.5.6 下封层或黏层应在透层油挥发、破乳完成后施工,并封闭交通。

6.5.7 对极重、特重交通荷载等级或较薄的沥青面层,基层顶面应采用热洒沥青的方式加强层间结合,并应符合下列规定:

1 根据工程情况,热洒沥青可采用普通沥青、改性沥青或橡胶沥青。对高速公路和一级公路的极重、特重交通荷载等级,或沥青面层厚度小于 150mm 时,宜选择 SBS 改性沥青或橡胶沥青。

2 普通沥青的洒铺量宜为 $1.8~2.2kg/m^2$,SBS 改性沥青宜为 $2.0~2.4kg/m^2$,橡胶沥青宜为 $2.2~2.6kg/m^2$。

3 沥青洒铺时应均匀,避免漏洒,纵向接缝应重叠 2/3 单一喷口的洒铺范围,横向接缝应齐整,不应重叠。

4 撒布的碎石宜选择洁净、干燥、单一粒径的石灰岩石料,超粒径含量应不大于 10%,粒径范围宜为 13.2~19mm。

5 碎石撒布前应通过拌和设备加热、除尘、筛分,碎石撒布到路面前的温度应不低于80℃。

6 碎石撒布量宜为满铺面积的60%~70%,不得重叠。

7 高速公路和一级公路,不宜采用同步碎石施工设备,应采用分离式的施工设备。

8 沥青洒铺车的容量宜不少于10t,1台沥青洒铺车应配备2台碎石撒布车。

本条介绍了热沥青防水黏结层的关键工艺。关于这个功能层,国内外工程界和学术界有不同的名称,有的称为"(改性)沥青防水黏结层",有的称为"应力吸收层",也有的称为"封层"。宏观上看,这三种功能层的施工工艺类似,但实际上在一些关键细节上存在明显的差别。如封层可以洒铺乳化沥青,并撒布粒径较小的碎石(一般粒径为4.75mm左右),而沥青防水黏结层和应力吸收层则必须洒铺热沥青,且撒布粒径比较大的碎石(粒径不宜小于13.2mm)。防水黏结层与应力吸收层之间的差异在于撒布碎石的密度。从应力吸收角度,撒布碎石可以近似满铺,但从防水黏结角度,碎石千万不能满铺,一般为60%~70%的满铺率。本条款主要针对防水黏结层的工艺要求,不应与另外两个功能层混淆。

(1)第2款:沥青洒铺量与沥青的黏度大小成正比,黏度越大,沥青洒铺量越多,工程效果越好。从加强层间结合、消减层间应力、延缓反射裂缝、提高层间防水能力角度看,洒铺橡胶沥青的效果最好,其次为SBS改性沥青;当沥青面层较厚时,也可洒铺普通沥青。在实际工程中,根据工程特点和重要程度,经过技术经济比选,选择相应的技术方案。

(2)第4款:只有保障碎石的单一粒径,才能保证碎石撒布的均匀性,同时撒布碎石的粒径过小容易导致碎石的重叠,造成层间滑动。

(3)第5款:撒布的碎石宜通过拌和楼加热、除尘和筛分,以保证撒布碎石的均匀以及与沥青的有效黏结。加热碎石是保障碎石与沥青有效黏结的必要措施。

(4)第7款:同步碎石施工设备尽管可以同时洒铺沥青和撒布碎石,施工方便,但是施工效率低,存在质量控制的盲点,无法随时检测沥青洒铺量和碎石撒布量,因此不宜用于高速公路和一级公路的施工。

(5)第8款:为了保障连续施工、提高施工效率,这种设备组合是最合理的。当然如有2台沥青洒铺车,则需要配备4台碎石撒布车。

6.6 基层收缩裂缝的处理

6.6.1 基层在养生过程中出现裂缝,经过弯沉检测,结构层的承载能力满足设计要求时,可继续铺筑上面的沥青面层,也可采取下列措施处理裂缝:
1 在裂缝位置灌缝。
2 在裂缝位置铺设玻璃纤维格栅。
3 洒铺热改性沥青。

灌缝时原则上不对裂缝扩缝。铺设玻璃纤维格栅与洒铺热改性沥青综合处治是当前处治裂缝向上反射的最佳措施,适用于基层裂缝比较严重的路段。

7 填隙碎石施工技术要求

7.1 一般规定

7.1.1 填隙碎石可采用干法或湿法施工。干旱缺水地区宜采用干法施工。

7.1.2 单层填隙碎石的压实厚度宜为公称最大粒径的 1.5～2.0 倍。

20 世纪 50 年代前盛行的嵌锁型碎石基层，是用筛分成几种不同规格的大、中、小单一尺寸碎石分层摊铺、分层碾压而成的。通常首先铺大碎石，大碎石经碾压稳定后，撒铺嵌缝碎石，继续碾压稳定，然后再撒铺小碎石，并碾压稳定。我国某些地区使用的干压碎石或水结碎石也属于这种类型。

国外常使用另一种嵌锁型碎石基层，它使用单一尺寸的粗碎石，例如 20～40mm、25～50mm 或 30～60mm 的碎石作主骨料，经初步碾压稳定后，撒铺 0～5（或 10）mm 的石屑，并用振动压路机碾压，借振动压路机的振动力使石屑填塞到主骨料的孔隙中，直到把孔隙填满为止。这种形式的碎石结构在国外称干结碎石。最后碾压时，采用湿法施工的，称水结碎石。这两种类型的嵌锁型碎石，本细则统一称之为填隙碎石。

填隙碎石的强度主要依靠粗碎石间的嵌锁作用。用石屑或相当的天然砾石和粗砂填塞粗碎石间的孔隙，使其变成一种密实结构，进一步增加其强度和稳定性。

实践证明，靠使用两种分开的不同尺寸的集料，可使堆放和运输过程中的集料离析现象降到最小。填隙碎石的稳定性靠专门的压实得到保证。压实良好的填隙碎石的密实度通常约为固体体积率的 85%～90%。填隙碎石的密实度和强度与良好的级配碎石相同。作为中等交通道路，甚至重交通道路沥青面层的基层，它与级配碎石一样可具有良好的效果。

填隙碎石层上不能直接通车，它上面必须有面层。填隙碎石基层质量好坏的两个关键是：从上到下粗碎石间的孔隙一定要填满，也就是说，达到规定的密实度非常重要；表面粗碎石间的孔隙既要填满，填隙料又不能覆盖粗碎石而自成一层，表面应看得见粗碎石，粗碎石的棱角可外露 3～5mm。后一点对薄沥青面层非常重要，它可保证薄沥青面层与基层黏结良好，避免薄沥青面层在基层顶面发生推移破坏。

如面层为沥青表面处治，在轧制面层用料时，产生两种筛余料：一种是粗的，如粒径 25～50mm 的粗碎石；另一种是细的，通常是粒径 5mm 或 3mm 以下的石屑。这两种筛余料正好用于铺筑填隙碎石基层。粗碎石用作主骨料，石屑用作填隙料。因此，面层为喷撒型沥青表面处治，基层为填隙碎石时，碎石机轧制的全部粗细集料都可得到充分的利用。

由于干法施工填隙碎石不需要用水，在缺水地区，采用这种基层结构，特别显示其优越性。

填隙碎石的主要缺点是，潮湿的填隙料实际上不可能靠振动压路机将孔隙填满。如企图用过多遍数的振动碾压使潮湿填隙料下移，往往可能使主骨料浮到填料层上并严重丧失稳定性。

7.2 材料技术要求

7.2.1 填隙碎石用作基层时，骨料的公称最大粒径应不大于 53mm；用作底基层时，应不大于 63mm。

7.2.2 用作基层时骨料的压碎值应不大于 26%，用作底基层时应不大于 30%。骨料中针片状颗粒和软弱颗粒的含量应不大于 15%。

7.2.3 骨料可用具有一定强度的各种岩石或漂石轧制，宜采用石灰岩。采用漂石时，其粒径应大于骨料公称最大粒径的 3 倍。

用漂石轧制骨料时，漂石的粒径大于骨料公称最大粒径的 3 倍以上，是为了增加碎石的破裂面，从而提高内摩擦角。

7.2.4 骨料也可以用稳定的矿渣轧制。矿渣的干密度和质量应均匀，且干密度应不小于 960kg/m³。

7.2.5 填隙碎石用骨料的颗粒组成应符合表7.2.5的规定。

表7.2.5 填隙碎石用骨料的颗粒组成(%)

项次	工程粒径(mm)	筛孔尺寸(mm)							
		63	53	37.5	31.5	26.5	19	16	9.5
1	30~60	100	25~60	—	0~15	—	0~5	—	—
2	25~50	—	100	25~50	0~15	—	0~5	—	—
3	20~40	—	—	100	35~37	—	0~15	—	0~5

7.2.6 采用表7.2.5中的1号骨料时,填隙料的公称最大粒径宜为9.5mm,2、3号骨料的填隙料可采用表7.2.6中的级配。

表7.2.6 填隙料的颗粒组成

筛孔尺寸(mm)	9.5	4.75	2.36	0.6	0.075	塑性指数
通过质量百分率(%)	100	85~100	50~70	30~50	0~10	<6

7.2.7 填隙料宜采用石屑,缺乏石屑地区,可添加细砾砂或粗砂等细集料。

7.3 施工工法

7.3.1 填隙碎石施工时,应符合下列规定:

1 填隙料应干燥。

2 宜采用振动压路机碾压,碾压后,表面骨料间的空隙应填满,但表面应看得见骨料。填隙碎石层上为薄沥青面层时,宜使骨料的棱角外露3~5mm。

3 碾压后基层的固体体积率宜不小于85%,底基层的固体体积率宜不小于83%。

4 填隙碎石基层未洒透层沥青或未铺封层时,不得开放交通。

7.3.2 填隙碎石施工前,应按本细则第5.3节中有关规定准备下承层和施工放样。

7.3.3 应根据各路段基层或底基层的宽度、厚度及松铺系数,计算各段需要的骨料数量,并应根据运料车辆的车厢体积,计算每车料的堆放距离。填隙料的用量宜为骨料质量的 30%~40%。

7.3.4 材料装车时,应控制每车料的数量基本相等。

7.3.5 应由远到近将骨料按计算的距离卸置于下承层上,应严格控制卸料距离。

7.3.6 用平地机或其他合适的机具将骨料均匀地摊铺在预定的范围内,表面应平整,并有规定的路拱。应同时摊铺路肩用料。

7.3.7 应检验松铺材料层的厚度,不满足要求时应减料或补料。

7.3.8 填隙碎石的干法施工应符合下列规定:

1 初压宜用两轮压路机碾压 3~4 遍,使骨料稳定就位,初压结束时,表面应平整,并具有规定的路拱和纵坡。

2 填隙料应采用石屑撒布机或类似的设备均匀地撒铺在已压稳的骨料层上,松铺厚度宜为 25~30mm;必要时,可用人工或机械扫匀。

3 应采用振动压路机慢速碾压,将全部填隙料振入骨料间的空隙中。无振动压路机时,可采用重型振动板。路面两侧宜多压 2~3 遍。

4 再次撒布填隙料,松铺厚度宜为 20~25mm,应用人工或机械扫匀。

5 同第 3 款,再次振动碾压;局部多余的填隙料应扫除。

6 碾压后,应对局部填隙料不足之处进行人工找补,并用振动压路机继续碾压,直到全部空隙被填满,应将局部多余的填隙料扫除。

7 填隙碎石表面空隙全部填满后,宜再用重型压路机碾压 1~2 遍。在碾压过程中,不应有任何蠕动现象。在碾压之前,宜在表面洒少量水,洒水量宜不少于 $3kg/m^2$。

8 需分层铺筑时,应将已压成的填隙碎石层表面骨料外露 5~10mm,然后在其上摊铺第二层骨料,并按第 1 款~第 7 款要求施工。

使下层表面骨料外露 5~10mm,再铺筑上一层,可以使上下层良好结合在一起,不会产生分层现象,有利于提高整个填隙碎石的力学性能。

7.3.9 填隙碎石湿法施工应按下列要求操作：

1 开始工序应与第7.3.8条第1款～第7款要求相同。

2 骨料层表面空隙全部填满后，宜立即用洒水车洒水，直到饱和。

3 宜用重型压路机跟在洒水车后碾压。应将湿填隙料及时扫入出现的空隙中；必要时，宜再添加新的填隙料。

4 应洒水碾压至填隙料和水形成粉浆，粉浆应填塞全部空隙，并在压路机轮前形成微波纹状。

5 碾压完成的路段应让水分蒸发一段时间，结构层变干后，应将表面多余的细料以及细料覆盖层扫除干净。

6 需分层铺筑时，宜待结构层变干后，将已压成的填隙碎石层表面的填隙料扫除一些，使表面骨料外露5～10mm，然后在其上摊铺第二层骨料。

8 施工质量标准与控制

8.1 一般规定

8.1.1 基层、底基层施工的质量标准与控制应按本章要求执行。高速公路水泥稳定级配碎石的施工质量控制尚应符合本细则附录 B 的相关规定。

路面基层和底基层材料(特别是无机结合料稳定材料)的质量控制是路面结构整体质量控制的关键环节,强化这些材料的质量控制手段和标准是减少路面早期病害,改善路面使用性能,延长使用寿命的必要条件。

基层、底基层施工的质量标准包括两个方面内容:一是单批次的检验结果是否满足设计要求,二是连续几批次的检验结果的变异性是否在控制范围之内。施工的变异性对工程质量具有重要影响,即使某些指标的单批次检测结果全部符合要求,但若连续施工中的变异性大,后期也可能出现严重的质量事故。

质量控制的关键在于建立健全全面质量管理体系。质量管理体系应包括质量管理和质量控制两个方面内容,其中质量管理应包括对人员的管理、原材料的管理、设备的管理以及质量问题的处理措施等要素。质量控制应实现对混合料配合比设计阶段、施工阶段的全过程控制。

8.1.2 基层、底基层施工质量标准与控制应包括原材料检验、施工参数确定、施工过程中的质量检查验收等方面,并应符合下列规定:

1 按本细则的相关要求备料,严把进料质量关。
2 按施工需求合理布置建设场地,选择适宜的拌和、摊铺和碾压机械。
3 将试验段确定的施工参数作为施工过程中质量控制的标准。
4 健全工地试验室能力,试验、检验数据真实、完整、可靠。
5 各个工序完结后,应检查验收;合格后,方可进行下一个工序。

路面基层质量管理是一个动态化的过程,包括从材料试验到工程实施的各个环节中的质量控制和把关。应本着实事求是、不怕麻烦的态度,不应受到任何利益、权力的干扰。客观地说,任何一个工程由于材料的多样性、工程的复杂性,在实施过程中难免会出现这样或那样的质量问题,应敢于面对这些问题,认真、及时地处理,确保工程质量能够得到有效的控制和提高。编造试验资料、掩盖工程中的质量问题是缺乏职业道德的表现,工程施工单位、监理单位以及管理单位都不应纵容这种行为。

同时,为了有效地进行质量管理,相关人员应加强业务学习,提高业务水平,深刻理解各个质量控制指标的工程含义,在实际工作中抓住重点,掌握原则,不宜过于教条。

本手册中对于基层的矿料规格提出了明确的要求,特别是对于高速公路和一级公路,提出了 4～5 档以上规格的备料要求,目的是提高基层质量。半刚性基层材料在我国应用比较广泛,其中一个优势在于有利于就地取材,但是就地取材并不是"随地取材",基层原材料质量控制放松,那么基层质量的控制就无从谈起。鉴于目前我国公路建设水平,本细则提出的原材料质量控制要求是完全有能力做到的,关键是想不想做、重不重视的问题。应从源头上加强基层、底基层使用的主要原材料的质量控制,各种原材料均应做到可追踪、可溯源。

拌和场地的建设是质量管理的重要内容。目前很多工程往往只注重沥青混合料使用的各档集料的防雨、排水措施,而对基层、底基层使用原材料的存放却不够重视。无机结合料类混合料的施工质量受水分的影响很大,含水率过高,就容易出现起浆、弹簧现象,进而出现裂缝等病害;含水率过低,就不易压实,降低施工均匀性。在条件具备的情况下,可参照表 8-1 所列的检查项目,加强基层、底基层拌和场地的建设工作。

表 8-1 拌和场地的检查

类　别	检　查　项　目
场地建设	是否硬化
	排水设施是否完善
	是否有堆放废料的专用场地
集料存储	各种集料是否分类堆放
	各种集料的标志是否醒目

8 施工质量标准与控制

续上表

类别	检查项目
集料存储	各档集料挡墙的高度、厚度是否足够
	是否搭建防雨棚
	冷料仓是否有高度足够的挡板

8.1.3 施工过程中发现质量缺陷时,应加大检测频率;必要时应停工整顿,查找原因。

8.1.4 施工关键工序宜拍摄照片或录像,作为现场记录保存。

8.1.5 施工结束后,应清理现场,处理废弃物,恢复耕地或绿化,做到工完场清。

8.1.6 高速公路和一级公路,应在拌和厂内或距离不超过1km的范围内设有功能完备的试验室。

试验室应具备独立完成目标配合比设计、生产配合比设计以及生产过程中各项试验和检测工作的能力。工地试验室进行基层、底基层各项试验所需配备的试验设备可参照表8-2。

表8-2 工地试验室必备试验设备

类型	设备名称	精度	数量	说明
通用设备	电子天平	>3 000g,0.01g	2台	
		>15 000g,0.1g	1台	
	游标卡尺	±0.01mm	2支	
	钢尺	±1mm	2支	
	切割机	—	1台	
	钻芯机	—	1台	
集料用	振动筛分机	—	1台	
	筛网	—	2套	
无机结合料稳定材料	重型击实仪	击实锤质量4.5kg	1台	
	200t压力机	加载速率1mm/min	1台	
	30t路强仪	—	1台	
	15cm×15cm试模	±0.5mm	15个	
	酸式滴定管	—	2套	
	相应化学试剂	—	—	

8.1.7 在施工过程中,应配备有相关试验资质的试验操作人员。每个工地试验室的试验操作人员宜不少于8人,同时应明确每个质量控制环节上的责任人。

人员是公路工程质量管理中的关键因素,应贯彻"以人为本"的思想,重视提高人员素质以及质量意识,加强工程质量管理的主动性。根据实际工作的需要,承包人、监理、中心试验室均应配备足够的有资质的检测人员,专职进行试验检测工作。对主要检测环节,应实行岗位责任制,制定奖惩措施,明确工程质量责任人,确定人员的工作职责,对主要责任人进行登记,并保持其岗位的稳定性。

试验操作人员的数量是决定各项试验检测是否能够正常开展的关键要素。一般情况下,关键试验项目所需要的最少人数为:无侧限抗压强度试验2人,击实试验2人,滴定试验1人,筛分试验1人,前场压实度检测2人。按照本手册的相关要求,对关键的质量控制指标,施工期间每天均需进行质量检验。即使能够做到有效分工、交叉作业,但实际工程中,很多情况下是多个作业面同时开工,基层、面层同时开工,平时还要进行生产配合比设计、取芯、弯沉检测等很多试验项目,因此8人的试验操作人员配置基本已是工地试验室的最低要求。

8.2 材料检验

8.2.1 在施工前以及在施工过程中,原材料或混合料发生变化时,应检验拟采用材料。

8.2.2 用作基层和底基层的土,应按表8.2.2所列试验项目和要求检测评定。

表8.2.2 基层和底基层用土试验项目和要求

项次	试验项目	目的	频度	试验方法
1	含水率	确定原始含水率	每天使用前测2个样品	T 0801/T 0803
2	液限、塑限	求塑性指数,审定是否符合规定	每种土使用前测2个样品,使用过程中每2 000m³测2个样品	T 0118/T 0119
3	颗粒分析	确定级配是否符合要求,确定材料配合比	每种土使用前测2个样品,使用过程中每2 000m³测2个样品	T 0115
4	有机质和硫酸盐含量	确定土是否适宜于用石灰或水泥稳定	对土有怀疑时做此试验	T 0151/T 0153

8.2.3 用作基层和底基层的碎石、砾石等粗集料,应按表8.2.3所列试验项目和要求检测评定。

表8.2.3 基层和底基层用碎石、砾石试验项目和要求

项次	试验项目	目的	频度	试验方法
1	含水率	确定原始含水率	每天使用前测2个样品	T 0801/T 0803
2	级配	确定级配是否符合要求,确定材料配合比	每档碎石使用前测2个样品,使用过程中每2 000m³测2个样品	T 0303
3	液限、塑限[a]	求塑性指数,审定是否符合规定	每种材料使用前测2个样品,使用过程中每2 000m³测2个样品	T 0118/T 0119
4	毛体积相对密度、吸水率	评定粒料质量,计算固体体积率	使用前测2个样品,砾石使用过程中每2 000m³测2个样品,碎石种类变化重做2个样品	T 0304/T 0308
5	压碎值	评定石料的抗压碎能力是否符合要求		T 0316
6	粉尘含量	评定石料质量		T 0310
7	针片状颗粒含量	评定石料质量		T 0312
8	软石含量	评定石料质量		T 0320

注:[a] 级配砾石或级配碎石中0.6mm以下的细土进行此项试验。

8.2.4 用作基层和底基层的细集料,应按表8.2.4所列试验项目和要求检测评定。

表8.2.4 基层和底基层用细集料试验项目和要求

项次	试验项目	目的	频度	试验方法
1	含水率	确定原始含水率	每天使用前测2个样品	T 0801/T 0803
2	级配	确定级配是否符合要求,确定材料配合比	每档材料使用前测2个样品,使用过程中每2 000m³测2个样品	T 0327
3	液限、塑限	求塑性指数,审定是否符合规定	每种细集料使用前测2个样品,使用过程中每2 000m³测2个样品	T 0118/T 0119
4	毛体积相对密度、吸水率	评定粒料质量,计算固体体积率	使用前测2个样品,使用过程中每2 000m³测2个样品	T 0328/T 0352
5	有机质和硫酸盐含量	确定是否适宜于用石灰或水泥稳定	有怀疑时做此试验	T 0151/T 0341

8.2.5 用作基层和底基层的水泥，应按表8.2.5所列试验项目和要求检测评定。

表8.2.5 基层和底基层用水泥试验项目和要求

项次	试验项目	目的	频度	试验方法
1	水泥强度等级和初、终凝时间	确定水泥的质量是否适宜应用	做材料组成设计时测1个样品，料源或强度等级变化时重测	T 0505/T 0506

8.2.6 用作基层和底基层的粉煤灰，应按表8.2.6所列试验项目和要求检测评定。

表8.2.6 基层和底基层用粉煤灰试验项目和要求

项次	试验项目	目的	频度	试验方法
1	含水率	确定原始含水率	每天使用前测2个样品	T 0801/T 0803
2	烧失量	确定粉煤灰是否适用	做材料组成设计前测2个样品	T 0817
3	细度	确定粉煤灰质量	做材料组成设计前测2个样品	T 0818
4	二氧化硅等氧化物含量	确定粉煤灰质量	每天使用前测2个样品	T 0816

8.2.7 用作基层和底基层的石灰，应按表8.2.7所列试验项目和要求检测评定。

表8.2.7 基层和底基层用石灰试验项目和要求

项次	试验项目	目的	频度	试验方法
1	含水率	确定原始含水率	每天使用前测2个样品	T 0801/T 0803
2	有效钙、镁含量	确定石灰质量	做材料组成设计和生产使用时分别测2个样品，以后每月测2个样品	T 0811/T 0812/T 0813
3	残渣含量	确定石灰质量	做材料组成设计和生产使用时分别测2个样品，以后每月测2个样品	T 0815

8.2.8 高速公路的基层施工时，各档粗集料的超粒径含量应不大于15%，其中主粒径通过率的变异系数应不大于10%。应根据至少连续7d在料堆不同位置取料的筛分结果确定其变异系数，样本量宜不少于10个。

8 施工质量标准与控制

在实际工程中,生产 25 型混合料时,如粗集料备料规格为 4.75～9.5mm(俗称 5～10mm)、9.5～19mm(俗称 10～20mm)和 19～26.5mm(俗称 20～25mm)。所谓超粒径颗粒含量不大于 15%,是指对 4.75～9.5mm 档料,大于 9.5mm 和小于 4.75mm 的料的总含量不大于 15%;对 9.5～19mm 档料,大于 19mm 和小于 9.5mm 的料的总含量不大于 15%;对 19～26.5mm 档料,大于 26.5mm 和小于 19mm 的料的总含量不大于 15%。

主粒径通过率的变异系数不大于 10% 的含义指:对 4.75～9.5mm 档料,4.75mm 和 9.5mm 的通过率的变异系数不大于 10%;对 9.5～19mm 档料,9.5mm、13.2mm 和 19mm 的通过率的变异系数不大于 10%;对 19～26.5mm 档料,19mm 和 26.5mm 的通过率的变异系数不大于 10%。

2012 年手册编写组在某高速公路建设工程中,对基层使用的 4 档粗集料的级配情况进行了检查,其中每档粗集料,分别在料堆中部的前、后、左、右 4 处位置取样,进行了筛分试验,结果分别见表 8-3～表 8-6。从各表中可见,19～26.5mm,13.2～19mm,9.5～13.2mm 以及 4.75～9.5mm 的超粒径含量分别为 43.7%,34.3%,30.5% 以及 22.9%,均远超过不大于 15% 的要求。表 8-7 给出了上述 4 档粗集料关键筛孔通过率的变异性情况,可见,除 13.2～19mm 粗集料的变异性为 13%,接近 10% 的要求之外,其余 3 档集料关键筛孔的变异性也远大于本手册的要求。集料质量差、级配变异性大是我国公路建设工程中长期以来存在的通病。没有质量合格、级配稳定的原材料,保证公路的建设质量就无从谈起。

表 8-3　19～26.5mm 筛分结果

筛孔 (mm)	第一组 (%)		第二组 (%)		第三组 (%)		第四组 (%)		平均值 (%)
26.5	99.7	99.3	88.9	88.7	97.6	99.5	98.6	98.7	96.4
19	55.7	52.8	24.3	28.6	39.1	51.9	32.0	36.8	40.1
16	19.3	17.1	7.7	8.0	10.1	11.0	4.0	6.6	10.5
13.2	4.9	3.2	1.9	1.6	0.9	1.1	0.6	0.9	1.9
9.5	0.8	0.2	0.5	0.2	0.3	0.2	0.1	0.2	0.3
4.75	0.8	0.2	0.5	0.2	0.3	0.2	0.1	0.2	0.3
2.36	0.8	0.2	0.5	0.2	0.3	0.2	0.1	0.2	0.3

续上表

筛孔 (mm)	第一组 (%)		第二组 (%)		第三组 (%)		第四组 (%)		平均值 (%)
1.18	0.8	0.2	0.5	0.2	0.3	0.2	0.1	0.2	0.3
0.6	0.8	0.2	0.5	0.2	0.3	0.2	0.1	0.2	0.3
0.3	0.8	0.2	0.5	0.2	0.3	0.2	0.1	0.2	0.3
0.15	0.8	0.2	0.5	0.2	0.3	0.2	0.1	0.2	0.3
0.075	0.8	0.2	0.5	0.2	0.3	0.2	0.1	0.2	0.3

表 8-4 13.2~19mm 筛分结果

筛孔 (mm)	第一组 (%)		第二组 (%)		第三组 (%)		第四组 (%)		平均值 (%)
26.5	100.0	100.0	100.0	100.0	100.0	100.0	100.0	100.0	100.0
19	91.9	89.7	97.3	90.2	89.7	89.8	97.8	98.3	93.1
16	70.6	71.8	85.1	80.4	78.5	78.3	80.4	81.0	78.3
13.2	25.0	24.6	34.6	28.8	23.1	27.0	26.4	30.0	27.4
9.5	0.6	0.6	3.7	1.1	0.6	1.1	2.0	1.6	1.4
4.75	0.6	0.6	3.7	1.1	0.6	1.1	2.0	1.6	1.4
2.36	0.6	0.6	3.7	1.1	0.6	1.1	2.0	1.6	1.4
1.18	0.6	0.6	3.7	1.1	0.6	1.1	2.0	1.6	1.4
0.6	0.6	0.6	3.7	1.1	0.6	1.1	2.0	1.6	1.4
0.3	0.6	0.6	3.7	1.1	0.6	1.1	2.0	1.6	1.4
0.15	0.6	0.6	3.7	1.1	0.6	1.1	2.0	1.6	1.4
0.075	0.6	0.6	3.7	1.1	0.6	1.1	2.0	1.6	1.4

表 8-5 9.5~13.2mm 筛分结果

筛孔 (mm)	第一组 (%)		第二组 (%)		第三组 (%)		第四组 (%)		平均值 (%)
26.5	100.0	100.0	100.0	100.0	100.0	100.0	100.0	100.0	100.0
19	100.0	100.0	100.0	100.0	100.0	100.0	100.0	100.0	100.0
16	100.0	99.6	100.0	100.0	100.0	100.0	100.0	100.0	99.9
13.2	94.6	93.7	96.8	97.0	97.7	98.1	95.0	97.6	96.3
9.5	15.7	14.0	28.5	28.4	34.6	31.2	26.4	35.7	26.8

续上表

筛孔 (mm)	第一组 (%)		第二组 (%)		第三组 (%)		第四组 (%)		平均值 (%)
4.75	1.7	2.0	1.5	2.4	1.7	0.5	0.1	0.4	1.3
2.36	1.7	2.0	1.5	2.4	1.7	0.5	0.1	0.4	1.3
1.18	1.7	2.0	1.5	2.4	1.7	0.5	0.1	0.4	1.3
0.6	1.7	2.0	1.5	2.4	1.7	0.5	0.1	0.4	1.3
0.3	1.7	2.0	1.5	2.4	1.7	0.5	0.1	0.4	1.3
0.15	1.7	2.0	1.5	2.4	1.7	0.5	0.1	0.4	1.3
0.075	1.7	2.0	1.5	2.4	1.7	0.5	0.1	0.4	1.3

表8-6 4.75~9.5mm 筛分结果

筛孔 (mm)	第一组 (%)		第二组 (%)		第三组 (%)		第四组 (%)		平均值 (%)
26.5	100.0	100.0	100.0	100.0	100.0	100.0	100.0	100.0	100.0
19	100.0	100.0	100.0	100.0	100.0	100.0	100.0	100.0	100.0
16	100.0	100.0	100.0	100.0	100.0	100.0	100.0	100.0	100.0
13.2	100.0	100.0	100.0	100.0	100.0	100.0	100.0	100.0	100.0
9.5	97.2	97.5	96.2	95.0	97.4	94.4	97.1	96.7	96.4
4.75	17.7	19.0	24.5	14.7	21.9	25.6	16.6	14.7	19.3
2.36	0.8	1.4	2.5	0.8	1.5	2.0	2.6	2.5	1.8
1.18	0.8	1.4	2.5	0.8	1.5	2.0	2.6	2.5	1.8
0.6	0.8	1.4	2.5	0.8	1.5	2.0	2.6	2.5	1.8
0.3	0.8	1.4	2.5	0.8	1.5	2.0	2.6	2.5	1.8
0.15	0.8	1.4	2.5	0.8	1.5	2.0	2.6	2.5	1.8
0.075	0.8	1.4	2.5	0.8	1.5	2.0	2.6	2.5	1.8

表8-7 粗集料关键筛孔通过率及变异性

矿料规格(mm)	关键筛孔(mm)	通过率均值(%)	通过率变异性(%)
19~26.5	19	40.1	30
13.2~19	13.2	27.4	13
9.5~13.2	9.5	26.8	30
4.75~9.5	4.75	19.3	22

8.2.9 初步确定使用的基层和底基层混合料,包括非整体性材料,应按表8.2.9所列试验项目和要求检测评定。

表8.2.9 基层和底基层混合料试验项目和要求

项次	试验项目	目 的	频 度	试验方法
1	重型击实试验	最佳含水率和最大干密度	材料发生变化时	T 0804
2	承载比(CBR)	确定非整体性材料是否适宜做基层或底基层	材料发生变化时	T 0134
3	抗压强度	整体性材料配合比试验及施工期间质量评定	每次配合比试验	T 0805
4	延迟时间	确定延迟时间对混合料密度和抗压强度的影响,确定施工允许的延迟时间	水泥品种变化时	T 0805
5	绘制EDTA标准曲线	对施工过程中水泥、石灰剂量有效控制	水泥、石灰品种变化时	T 0809

8.3 铺筑试验段

8.3.1 基层和底基层正式施工前,均应铺筑试验段。

8.3.2 试验段应设置在生产路段上,长度宜为200~300m。

8.3.3 试验段开工前,应符合下列规定:
1 提交完整的目标配合比报告和生产配合比报告。
2 正常施工时所配备的施工机械完全进场,且调试完毕。
3 全部施工人员到位。

施工开展前,应对摊铺机、压路机、运输车辆等施工机械的准备情况进行检查,机械的组合、数量、型号应满足招标文件的相关规定。各种机械设备的工作参数应满足国家相关行业规范、标准的要求。

目前在很多公路建设项目中往往只注重对混合料成品的抽检,却忽视了对混合料生产设备的抽检。只有生产设备具有可靠的精度和稳定性,才能保证产出的混合料符合配合比设计要求。在施工正式开展之前,应对拌和站各个系统的计量精度进行全面标定。

2012年某高速公路建设项目基层试验段的铺筑过程中,现场取样进行无侧限抗压强度检验,发现在标准养生环境下,试件7d无侧限抗压强度的代表值高达12.6MPa,现场芯样强度也在6MPa左右。尽管滴定结果显示,水泥剂量均值为6.9%,但这一结果并不能合理解释试样高强度的原因。在手册编写组的指导下,施工单位进行了拌和站水泥计量系统的标定工作,标定结果见表8-8。

表8-8　某高速公路的水稳碎石拌和站水泥计量系统的标定结果

标定试验序号	产量	水泥剂量(%)	时间(s)	理论值(kg)	实测值(kg)	电脑显示值(kg)
1	200t/h	—	—	—	78.94	44
2		2	20	20.17	60.11	—
3		2	30	30.26	—	104
4		2	30	30.26	63	98
5		2	30	30.26	79.4	75
6	300t/h	7	15	75.72	67.03	—
7		7	15	75.72	71.5	—
8		7	15	75.72	77.7	—
9		8	15	85.73	79.4	—
10		7	15	75.72	86.2	注:操作误差
11		7	15	75.72	78.6	—

从表8-8的结果可看出,在第1至第5次试验中,水泥用量的理论值、实测值以及拌和站电脑控制软件的显示值之间存在很大误差。例如第4次试验,按照200t/h的产量、2%的水泥用量计算,在30s内理论应生产出30.26kg水泥,但实际产出63kg,而电脑显示为98kg。

通过以上标定可认定,第1次试验段铺筑时拌和站水泥计量系统失控是造成试样强度过高的主要原因。在随后铺筑的第2次试验段中证明,通过本次标定,试验室滴定结果(均值6.3%)、水泥总量核算结果(6%左右)与拌和站水泥用量设定值(7%)三者之间已基本吻合,满足工程的精度要求。

在另一高速公路基层施工项目中,基层试验段养生7d后现场芯样不成型,芯样底部松散,可能原因是粗集料用量过多,混合料级配超出规定范围,故施工单位重新进行了冷料仓计量系统的标定工作,标定结果见表8-9。

表8-9 某高速公路的水稳碎石拌和站冷料仓计量系统的标定结果

冷料仓编号	矿料规格(mm)	比例	理论产出(kg)	实际产出(kg)
1	4.75~9.5	0.17	4250	4275
2	2.36~4.75	0.08	2000	1992
3	9.5~13.2	0.17	4250	4236
4	13.2~19	0.12	3000	4126
5	19~26.5	0.16	4000	10320
6	0~2.36	0.3	7500	7460

注:按照300t/h的产量,以5min时间计,对比实际产出与理论产出的符合性。

从表8-9的结果可看出,对于第1、2、3、6号冷料仓,精度满足工程要求,而5号冷料仓,实际产出达到理论产出的2倍以上,严重失准。另外,4号冷料仓的实际产量也大于理论产量。后从施工单位了解到,由于设备故障,试验段铺筑前更换了5号冷料仓的电子秤,但却未对该秤进行标定,所以导致在第2次试验段铺筑中混合料级配严重偏离设计要求。

工欲善其事,必先利其器。施工前,应对各项关键施工设备进行系统的检查与标定。正式施工过程中,也宜按照1次/30d的频率,对无机结合料稳定材料拌和站的各项计量系统的精度进行校验。

8.3.4 在试验段施工期间,应及时检测下列技术项目:

1 施工所用原材料的全部技术指标。

2 混合料拌和时的结合料剂量,应不少于4个样本。

3 混合料拌和时的含水率,应不少于4个样本。

4 混合料拌和时的级配,应不少于4个样本。

5 不同松铺系数条件下的实际压实厚度,宜设定2~3个松铺系数。

6 不同碾压工艺下的混合料压实度,宜设定2~3种压实工艺,每种压实工艺的压实度检测样本应不少于4个。

7 混合料压实后的含水率,应不少于6个样本。

8 混合料击实试验,测定干密度和含水率,应不少于3个样本。

9 7d龄期无侧限抗压强度试件成型,样本量应符合要求。

8.3.5 养生7d后，无机结合料稳定材料的试验段应及时检测下列技术项目：
1 标准养生试件的7d无侧限抗压强度。
2 水泥稳定材料钻芯取样，评价芯样外观，取芯样本量应不少于9个。
3 对完整芯样切割成标准试件，测定强度。
4 按车道，每10m一点测定弯沉指标，并按本细则附录C计算回弹弯沉值。
5 按车道，每50m一点测定承载比。

由于钻芯、切割的影响以及现场养生条件的不同，因此切割后的芯样的强度与设计强度及标准养生条件下的试样强度之间一般会存在较大的差异。但同一批次芯样强度的变异性不宜过大，否则说明施工的均匀性差，不符合质量标准。

8.3.6 对非整体性材料结构层，试验段铺筑完成后应及时进行承载板试验，按车道，每50m一点。

8.3.7 试验段铺筑阶段应对下列关键工序、工艺进行评价：
1 拌和设备各档材料的进料比例、速度及精度。
2 结合料的进料比例和精度。
3 含水率的控制精度。
4 松铺系数合理值。
5 拌和、运输、摊铺和碾压机械的协调和配合。
6 压实机械的选择和组合，压实的顺序、速度和遍数。
7 对人工拌和工艺，应确定合适的拌和设备、方法、深度和遍数。
8 对人工摊铺碾压工艺，应确定适宜的整平和整形机具和方法。

8.3.8 试验段施工后，应及时总结，总结报告应包括下列内容：
1 试验段检测报告。
2 试验段总体效果评价。
3 施工关键参数的推荐值，包括配合比、含水率、松铺系数、碾压工艺等。
4 确定每一作业段的合适长度。

8.3.9 试验段不满足技术要求时，应重新铺设试验段。试验段各项指标合格后，方可正式施工。

8.4 施工过程检测

8.4.1 施工过程中的质量控制应包括外形尺寸检查及内在质量检验两部分。

8.4.2 外形尺寸检查项目、频度和质量标准应符合表8.4.2的规定。

表8.4.2 外形尺寸检查项目、频度和质量标准

工程类别	项目		频度	质量标准	
				高速公路和一级公路	二级及二级以下公路
基层	纵断高程(mm)		二级及二级以下公路每20m 1点；高速公路和一级公路每20m 1个断面，每个断面3~5点	+5~-10	+5~-15
	厚度(mm)	均值	每1 500~2 000m² 6点	≥-8	≥-10
		单个值		≥-10	≥-20
	宽度(mm)		每40m 1处	>0	>0
	横坡度(%)		每100m 3处	±0.3	±0.5
	平整度(mm)		每200m 2处，每处连续10尺(3m直尺)	≤8	≤12
			连续式平整度仪的标准差(mm)	≤3.0	—
底基层	纵断高程(mm)		二级及二级以下公路每20m 1点；高速公路和一级公路每20m 1个断面，每个断面3~5点	+5~-15	+5~-20
	厚度(mm)	均值	每1 500~2 000m² 6点	≥-10	≥-12
		单个值		≥-25	≥-30
	宽度(mm)		每40m 1处	>0	>0
	横坡度(%)		每100m 3处	±0.3	±0.5
	平整度(mm)		每200m 2处，每处连续10尺(3m直尺)	≤12	≤15

8.4.3 施工过程中的内在质量控制应分为原材料质量控制、拌和质量控制、摊铺及碾压质量控制等四部分。对集中厂拌、摊铺机摊铺的施工工艺，应按后场与前场划分。

8.4.4 后场质量控制的项目、内容应符合表8.4.4的规定，实际检测频率应不低于表中的要求，检测结果应满足本细则或具体工程的技术要求。

8 施工质量标准与控制

表8.4.4 施工过程中后场质量控制的关键内容

项次	项目	内容	频度
1	原材料抽检	结合料质量	每批次
		粗、细集料品质	异常时,随时试验
		级配、规格	异常时,随时试验
2	混合料抽检	混合料级配	每2 000m² 1次
		结合料剂量	每2 000m² 1次
		混合料最大干密度	每个工日
		含水率	每2 000m² 1次

8.4.5 前场质量控制的项目及内容应符合表8.4.5的规定,实际检测频率应不低于表中的要求,检测结果应满足本细则或具体工程的技术要求。

表8.4.5 施工过程中前场质量控制的关键内容

项次	项目	内容	频度
1	摊铺目测	是否离析	随时
		粗估含水率状态	随时
2	碾压目测	压实机械是否满足	随时
		碾压组合、次数是否合理	随时
3	压实度检测	含水率	每一作业段检查6次以上
		压实度	每一作业段检查6次以上
4	强度检测	在前场取样成型试件	每一作业段不少于9个
5	钻芯检测	—	每一作业段不少于9个
6	弯沉检测		每一评定段(不超过1km)每车道40~50个测点
7	承载比	—	每2 000m² 1次,异常时,随时增加试验

8.4.6 应在现场碾压结束后及时检测压实度。压实度检测中,测定的含水率与规定含水率的绝对误差应不大于2%;不满足要求时,应分析原因并采取必要的措施。

混合料的含水率对现场碾压质量有重要影响。含水率过大或过小,均不利于现场压实。控制混合料的含水率,一是要保证各档集料含水率的稳定性;二是提高拌和站水的计量精度;三是运输过程中注意遮盖,防止水分过快蒸发;四是减少摊铺机停机、待机时间,提高摊铺的连续性。对于高速公路,宜配置流量计,用于控制水的添加精度。

8.4.7 施工过程的压实度检测,应以每天现场取样的击实结果确定的最大干密度为标准。每天取样的击实试验应符合下列规定:

1 击实试验应不少于3次平行试验,且相互之间的最大干密度差值应不大于 0.02g/cm³;否则,应重新试验,并取平均值作为当天压实度的检测标准。

2 该数值与设计阶段确定的最大干密度差值大于 0.02g/cm³ 时,应分析原因,及时处理。

在原材料、混合料级配稳定的情况下,现场取样混合料的密度应保持很高的稳定性。某高速公路基层铺筑期间,共进行了25批次的混合料击实试验,结果如图8-1所示。可见,混合料干密度和含水率的变异系数仅分别为1.2%和8.2%,平均值分别为 2.309g/cm³ 和7.9%,具有较高的稳定性。

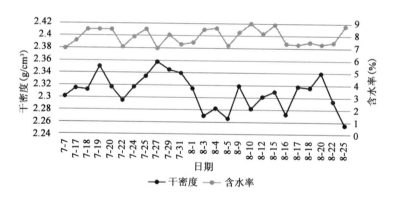

图8-1 某高速公路水泥稳定级配碎石混合料的干密度和含水率变化情况

8.4.8 压实度检测应采用整层灌砂试验方法,灌砂深度应与现场摊铺厚度一致。

8.4.9 无机结合料稳定材料应钻取芯样检验其整体性,并应符合下列规定:

1 无机结合料稳定细粒材料的芯样直径宜为100mm,无机结合料稳定中、粗粒材料的芯样直径应为150mm。

2 采用随机取样方式,不得在现场人为挑选位置;否则,评价结果无效。

3 芯样顶面、四周应均匀、致密。

4 芯样的高度应不小于实际摊铺厚度的90%。

5 取不出完整芯样时,应找出实际路段相应的范围,返工处理。

通过对多条已通车高速公路沥青路面的调查表明,面层的局部网裂、形变,甚至坑洞常与基层不成整体有关。检查基层整体性的最好办法是钻芯取样。多条高速公路的实践证明,质量符合要求的水泥碎(砾)石基层养生7d后,无论用进口或国产路面钻机都能取出完整的芯样。

对于钻芯取样,完整、致密是两个关键的评价指标。首先完整,工程中常常出现所取的芯样两头松散,或者一头松散,但中部完整。这样的芯样不符合要求。标准的完整芯样应该呈圆柱状,其顶部由于车辆碾压或其他原因出现轻微剥落属正常情况,但是底部应保证完整。

其次对于致密问题,目前许多工程芯样整体性良好,但是芯样四周麻面、空隙较多,这也不符合要求,说明矿料级配有问题。这种基层在使用过程中渗水性较大,导致耐久性不足。

图8-2显示了4种常见的无机类混合料的现场芯样情况,其中只有第一种为符合质量要求的芯样。

8.4.10 无机结合料稳定材料应在下列规定的龄期内取芯:

1 用于基层的水泥稳定中、粗粒材料,龄期7d。

2 用于基层的水泥粉煤灰稳定的中、粗粒材料,龄期10~14d。

3 用于底基层的水泥稳定材料、水泥粉煤灰稳定材料,龄期10~14d。

4 用于基层的石灰粉煤灰稳定材料,龄期14~20d。

5 用于底基层的石灰粉煤灰稳定材料,龄期20~28d。

8.4.11 设计强度大于3MPa的水泥稳定材料的完整芯样应切割成标准试件,检测强度,并应符合下列规定:

a) 芯样完整，表面致密

b) 芯样完整，表面较多孔洞

c) 芯样底部松散

d) 芯样破碎

图8-2 无机类混合料不同的现场芯样类型

1 标准试件的径高比应为1:1。

2 记录实际养生龄期。

3 根据实际施工情况确定试件强度的评价标准。

4 同一批次强度试验的变异系数应不大于15%。

5 样本量宜不少于9个。

将钻芯试件切割成标准试件，进而测量其强度是一种后验性的无机结合料稳定材料质量检评方法，是对以往仅仅通过生产时成型标准试件进行强度评定的一种有效补充。由于钻芯、切割的影响和养生条件的差异，因此需根据实际情况确定试件强度的评定标准。

某高速公路基层铺筑期间，在现场钻取了167个芯样。钻芯基本在该路段养生6~7d时进行。将这些芯样切割成15cm×15cm的标准试件，进行了无侧限抗压强度试验，除两批次芯样由于压力机故障，造成偏心受压，强度过低以外，其余批次的芯样均保持了较高强度，代表值为7.32MPa，变异性为28.7%。

图 8-3 显示了这些现场芯样强度的变化情况。从该图中可看出,8 月份现场芯样的强度总体大于 7 月份的强度,主要是因为 8 月份的气温相对较高,现场混合料的强度增长较快。

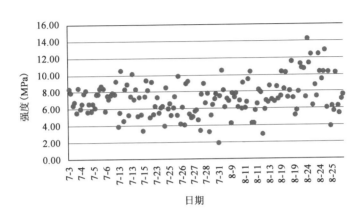

图 8-3　某高速公路水泥稳定级配碎石基层现场芯样强度变化情况

8.4.12　对高速公路和一级公路的基层、底基层,应在养生 7～10d 内检测弯沉;不满足要求时,应返工处理。

需要指出,弯沉作为路面结构承载能力的评价手段和指标,具有操作简单、检测客观、结果直观的特点,目前还没有其他有效手段能替代。

对于半刚性材料,随着龄期的增加,混合料的强度逐渐增加,同时结构层的承载能力也会逐渐增加。因此,半刚性材料在施工过程中是否需要弯沉检测、何时进行弯沉检测,工程界有不同的认识。如果按照结构设计的计算方法,计算半刚性材料结构层的弯沉检测、评定的指标,肯定不合适。因为结构计算时使用的材料模量水平是龄期 90d 或 180d 的模量值,而不是施工期间的模量水平。

工程经验表明,对于半刚性材料的结构层,采用弯沉检测作为评价材料施工质量是一个有效手段。这是根据半刚性材料结构层厚度、材料强度标准综合确定的一个经验性指标,而不是通过力学分析计算得到的指标。例如:2003 年某省一级公路的改扩建工程中,采用设计强度 5MPa、38cm 厚的水泥稳定级配碎石基层。当时考虑到龄期对弯沉水平的影响,没有强调弯沉检测,施工结束后,经受了昼夜 8 万辆重交通荷载的作用,2 个月左右路面就出现了比较严重的网裂、车辙等病害。

分析原因时,检测了路面弯沉,达到30~40(1/100mm)。因此,进行了全路段的返工处理。采用相同的设计要求,严格施工过程的质量管理,水泥稳定级配碎石基层施工结束后,5~7d检测基层顶面的弯沉,代表值不大于12(1/100mm)。至今已运营了8年多,路面没有产生任何结构性的破坏。由此可以看出,在基层施工过程中,进行检测弯沉,对提高半刚性材料结构层的施工质量是十分必要。

从半刚性材料施工质量控制的体系看,配合比设计、结合料剂量抽检、施工过程的强度检测,都属于前验性的、抽检性的质量控制手段,钻芯取样属于后验性的检验,但样本量有限。只有弯沉检测是后验性、整体性的检测。因此,弯沉检测是整个路面施工质量控制的关键环节。

8.4.13 对高速公路和一级公路,7~10d龄期的水泥稳定碎石基层的代表弯沉值宜为:对极重、特重交通荷载等级,应不大于0.15mm;对重交通荷载等级,应不大于0.20mm;对中等交通荷载等级,应不大于0.25mm。

这些弯沉指标是根据实际工程经验总结得到的。某高速公路的路面结构为:土基+2层19cm的水泥稳定天然砂底基层+2层水泥稳定级配碎石基层+8cm的C20沥青混凝土SAC-13+4cm的SBS改性沥青混凝土SAC-16。该高速公路为某省的运煤专线公路,交通量为极重水平。在该高速公路施工期间,对于每一个结构层,均进行了回弹弯沉试验,结果如图8-4所示。数据显示,土基的回弹弯沉代表值为116(0.01mm),铺筑一层底基层后即减小至40(0.01mm),上基层铺筑完毕

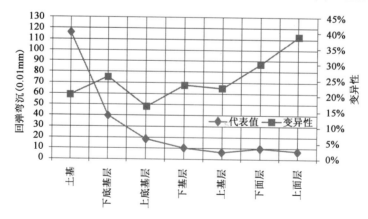

图8-4 某高速公路施工期间各结构层顶面的回弹弯沉检测结果

后达到6.4(0.01mm),下面层和上面层铺筑完毕后略有增大,分别为10.3(0.01mm)和8.0(0.01mm)。

8.4.14 施工过程的混合料质量检测,应在施工现场的摊铺机位置取样,且应分别来自不同的料车。

例如:水泥稳定级配碎石,按规定每天至少成型9个尺寸为15cm×15cm的圆柱形试件,测定强度。那么,这9个试件的样品均取自摊铺机位置,其中每3个试件取自一辆料车。

取样时应保证试验的代表性,室内试验时也应严格按照四分法的要求进行分料、装料。

8.5 质量检查

8.5.1 检查内容应包括工程完工后的外形和质量两方面,外形检查的要求应符合表8.4.2的规定。

8.5.2 宜以1km长的路段为单位评定路面结构层质量;采用大流水作业法施工时,以每天完成的段落为评定单位。

承包人在施工过程中应随时对施工质量进行自检。监理应按照规定要求独立进行试验检测,并对承包人的试验结果进行认定。当单次检验结果不合格,或者连续几批次检验结果的变异性超出本规程要求时,应立即停工,查找原因,直到问题解决后方可重新开工。

只有在每一结构层评定合格后,才可进行下一结构层的施工。

8.5.3 应检查施工原始记录,对检查内容初步评定。

8.5.4 应随机抽样检查,不得带有任何主观性。压实度、厚度、水泥或石灰剂量检测样品和取芯等的现场随机取样位置的确定应按相关标准的要求执行。

8.5.5 厚度检查时,厚度平均值的下置信限$\overline{X}_L$应不小于设计厚度减去均值允许误差。厚度平均值的下置信限应按式(8.5.5)计算。

$$\overline{X}_L = \overline{X} - t_\alpha \frac{S}{\sqrt{n}} \qquad (8.5.5)$$

式中:$\bar{X}$——厚度平均值;

S——厚度标准差;

n——样本数量;

t_α——t 分布表中随自由度和保证率(或置信度 α)而变的系数,对高速公路和一级公路应取保证率99%,对二级及二级以下公路可取保证率95%。

8.5.6 各项技术指标质量应符合表8.5.6的规定。

表8.5.6 质量合格标准值

工程类别	检查项目	检查数量[a]	标准值	极限低值
无结合料底基层	压实度	6~10 处	96%	92%
	弯沉值	每车道40~50个测点	按附录C所得的弯沉标准值	—
级配碎石(或砾石)	压实度	6~10 处	符合5.1.10规定	标准值-4%
	颗粒组成	2~3	规定级配范围	
	弯沉值	每车道40~50个测点	按附录C所得的弯沉标准值	
填隙碎石	压实度(固体体积率)	6~10 处	基层:85%	82%
			底基层:高速和一级公路85%,其他公路83%	82%(80%)
	弯沉值	每车道40~50个测点	按附录C所得的弯沉标准值	—
水泥、石灰、石灰粉煤灰、水泥粉煤灰等稳定细粒材料	压实度	6~10 处	基层:符合表5.1.8要求	标准值-4%
			底基层:符合表5.1.9要求	
	水泥或石灰剂量(%)	3~6 处	设计值	水泥:设计值-1.0% 石灰:设计值-2.0%
水泥、石灰、石灰粉煤灰、水泥粉煤灰等稳定中、粗粒材料	压实度	6~10 处	基层:符合表5.1.8要求	标准值-4%
			底基层:符合表5.1.9要求	
	颗粒组成	2~3	规定级配范围	
	水泥或石灰剂量(%)	3~6 处	设计值	设计值-1.0%

注:[a] 以每天完成段落为评定单位时,检查数量可取低值,以1km为评定单位时,检查数量应取高值。

由于路基和路面各个结构层的材料(含混合料)、施工工艺以及测量仪器和试验方法等多方面的原因,竣工的路基和路面各个结构层以及路面整体都是不均匀的。因此,工程质量控制的各个指标的实际(或观测)值都有变异性。有的指标变异性小,有的指标变异性就相当大。同一个指标观测值的变异性也会随生产设备的改进而降低。变异性小表示质量比较均匀或不均匀性小,变异性大表示质量的不均匀性大。

如果质量是绝对均匀的,质量检验就非常简单,只要检验一次就足够了,所得的一个观测值也足以代表某项产品的质量,但实际上不存在这种情况。任何产品质量都是不均匀的,特别是路基路面工程质量的不均匀性更大。质量不均匀、有变异性,就给质量管理和检验带来了一系列重要问题。例如,进行质量检验或做某项试验时,到底需要检验多少次或做多少个平行试验,所得观测值才具有代表性。如果仅做一两个或少数几个检验,检验结果必然带有偶然性而无代表性。显然,不均匀性或变异性越大,所需要检验的数量越多。关于质量检验过程中的统计分析问题的解释请参见附录D。

对于高速公路,宜按照每连续7批次评定1次的频率,对无机结合料稳定材料的各项关键指标的变异性进行检验。第8批次评定时,将前一次评定的第1批次数据剔除,第8批次数据计入,形成新的连续7批次进行变异性检验,以此类推。检验的内容、频率及要求可参考表8-10。

表8-10 无机结合料稳定材料关键指标的变异性要求

项目	评定内容	允许偏差
级配	根据筛分试验的结果,评定混合料级配的变异性	对于基层混合料,最大公称粒径、4.75mm、0.075mm筛孔通过率的变异性不大于10%,其余各筛孔不大于15%
结合料剂量	根据滴定试验结果,评定混合料结合料剂量的变异性	不大于10%
抗压强度	评定混合料抗压强度的变异性	不大于15%

8.5.7 弯沉检查时,应考虑一定保证率的测量值上波动界限,并按式(8.5.7)计算。

$$l_r = \bar{l} + Z_\alpha S \qquad (8.5.7)$$

式中：l_r——测量值的上波动界限，即代表弯沉值；

$\bar{l}$——标准车测得的弯沉平均值；

Z_α——与要求保证率有关的系数，高速公路和一级公路可取 $Z_\alpha = 2.0$，二级公路取 $Z_\alpha = 1.645$，二级以下公路取 $Z_\alpha = 1.5$。

8.5.8 计算弯沉的平均值和标准差时，可将超出 $\bar{l} \pm 3S$ 的弯沉异常值舍弃。舍弃后，计算的代表弯沉值应不大于相关技术要求。对舍弃的弯沉值过大点，应找出其周围界限，并局部处理。

8.5.9 本细则中有关质量控制指标的统计含义，可见本细则附录 D 的相关说明。

附录 A 无机结合料稳定材料级配设计

A.0.1 无机结合料稳定中、粗粒材料,级配碎石或砾石材料的级配宜采用粗集料断级配的方式构成。

A.0.2 粗集料断级配宜以级配的公称最大粒径及其通过率、4.75mm 及其通过率和 0.075mm 及其通过率为 3 个控制点。

A.0.3 粗集料断级配应由从公称最大粒径到 4.75mm 的粗集料级配曲线和 4.75~0.075mm 的细集料级配曲线构成。

A.0.4 宜采用下列数学模型分别构造粗、细集料级配曲线。

1 幂函数模型为:

$$y = ax^b \quad (A.0.4\text{-}1)$$

2 指数函数模型为:

$$y = a \cdot e^{bx} \quad (A.0.4\text{-}2)$$

3 对数函数模型为:

$$y = a\ln x + b \quad (A.0.4\text{-}3)$$

式中:y——通过率(%);

x——集料粒径(mm);

a、b——回归系数。

对某一级配,使用这些不同类型的模型,将导致在相同碎石含量的条件下,粗集料各档颗粒之间比例关系的变化,从而影响混合料级配的性能。一般来说,使用指数函数时,级配偏粗;使用对数函数时,级配偏细;幂函数时,级配居中。在实际工程中,即使是相同粒径的材料(如 19~26.5mm),由于岩性不同、破碎方式不同、筛孔尺寸不同,其几何形状并不相同,从而影响各档颗粒间的搭配。这种影响对混合料性能的影响有多大,目前还在研究之中。因此,本说明中,提出几种不同的粗集料级配的构建模型,供实际工程中选用。

以 16 型混合料为例,采用骨架断级配原则,16mm 通过率为 95%,4.75mm 通过率为 30%,0.075mm 通过率为 7%,以这三点作为控制点,粗、细集料级配曲线分别采用对数函数、幂函数和指数函数计算生成。本技术方案中仅考虑粗集料部分的配合比变化对各项指标、性能的影响,4.75~0.075mm 细集料统一采用幂函数生成,建立细集料级配曲线;16~4.75mm 的粗集料分别采用对数函数模型、幂函数模型和指数函数模型,构建三种不同的粗集料级配曲线。由此形成三种 16 型级配曲线,见表 A-1。

由表 A-1 看出,对数函数的粗集料级配比幂函数偏细,而指数函数的粗集料级配比幂函数偏粗。以下将针对幂函数、对数函数和指数函数三种级配对应的混合料进行性能分析。

表 A-1 三种函数模型对应的级配结果

粗集料函数类型	通过下列筛孔(mm)的质量百分率(%)										
	19	16	13.2	9.5	7.5	4.75	2.36	1.18	0.6	0.3	0.15	0.075
对数函数	100	95	84.7	67.1	54.4	30	22.9	17.5	13.4	10.3	7.9	6
幂函数	100	95	79.1	57.9	46.3	30	22.9	17.5	13.4	10.3	7.9	6
指数函数	100	95	71.3	48.8	39.8	30	22.9	17.5	13.4	10.3	7.9	6

A.0.5 应按设定的混合料级配的公称最大粒径及其通过率和 4.75mm 及其通过率,计算粗集料级配曲线的 a、b 系数,构造粗集料级配曲线。

A.0.6 应按设定的混合料级配的 4.75mm 及其通过率和 0.075mm 及其通过率,计算细集料级配曲线的 a、b 系数,构造细集料级配曲线。

A.0.7 应按两条级配曲线分别计算各筛孔通过率,完成级配的设计。

条文中 C-B-1 级配是一种 25 型级配。为了有效控制原材料的质量,减少超粒径含量,26.5mm 的通过率要求为 100%。另外,4.75mm 的通过率上限为 45%,0.075mm 的通过率上限为 5%。则根据幂函数模型 $y = ax^b$ 建立该级配的上限粗集料级配曲线模型和细集料级配曲线模型,式中 y 为通过率(%),x 为矿料粒径(mm)。

粗集料级配曲线的方程组为：$\begin{cases} 100 = a_1 \times 26.5^{b_1} \\ 45 = a_1 \times 4.75^{b_1} \end{cases}$

解此方程组得到 $a_1 = 21.821$，$b_1 = 0.4645$。由此，可以计算出粒径分别为 19、16、13.2 和 9.5mm 等的通过率。

同样，建立细集料级配曲线的方程组为：$\begin{cases} 45 = a_2 \times 4.75^{b_2} \\ 5 = a_2 \times 0.075^{b_2} \end{cases}$

解此方程组得到 $a_2 = 19.715$，$b_2 = 0.5297$。由此，可以计算出粒径分别为 2.36、1.18、0.6、0.3 和 0.15mm 等的通过率。

同理，4.75mm 的通过率下限为 35%，0.075mm 的通过率下限为 2%。根据以上方法，分别建立该级配的下限粗集料级配曲线模型和细集料级配曲线模型。

下限的粗集料级配曲线的方程组为：$\begin{cases} 100 = a_3 \times 26.5^{b_3} \\ 35 = a_3 \times 4.75^{b_3} \end{cases}$

下限的细集料级配曲线的方程组为：$\begin{cases} 35 = a_4 \times 4.75^{b_4} \\ 2 = a_4 \times 0.075^{b_4} \end{cases}$

得到 $a_3 = 13.514$，$b_3 = 0.6107$；$a_4 = 11.945$，$b_4 = 0.69$。

据以上计算结果，汇总得到 C-B-1 级配的上下限值，见表 A-2。

表 A-2 A-1 级配的上下限

粒径(mm)	26.5	19	16	13.2	9.5	4.75	2.36	1.18	0.6	0.3	0.15	0.075
上限(%)	100	86	79	72	62	45	31	22	15	10	7	5
下限(%)	100	82	73	65	53	35	22	13	8	5	3	2

附录 B　水泥稳定级配碎石等质量控制关键环节

B.1　一般规定

B.1.1　高速公路水泥稳定级配碎石或砾石和碾压贫混凝土质量控制关键环节宜按本附录执行。

在本细则第 8 章中详细介绍了公路基层、底基层施工过程中的质量标准与控制的相关技术要求,本附录针对我国高速公路建设中常用的水泥稳定级配碎石或砾石和碾压贫混凝土的设计施工质量控制提出进一步的细化要求,目的是强化这种材料的设计施工质量控制,以便于施工单位的操作。本附录是对本细则条文相关内容的补充。对于其他材料或其他等级公路,在条件允许的情况下,也可参照执行。

为了便于使用,设计施工中各个质量控制环节以模块和表格形式表示,分为施工前、施工期、7d 养生后以及深度试验四个模块,主要侧重材料内在质量的评定。

B.1.2　对水泥稳定级配碎石或砾石和碾压贫混凝土等施工过程中的外形尺寸质量控制,应符合本细则相关条文的规定。

B.1.3　质量控制每个环节均应包括工作内容、责任人、检测频率、记录表格等内容。

本附录中提出的相关质量控制要求,除了相应的质量控制内容外,尤为强调责任人和记录表格的规定,并明确相应的检测频率。在施工过程的质量控制中,检测项目繁多,不可能都由一两个人负责(如:试验室主任或项目总工程师),这样不利于工程质量的过程化控制。需要明确每项检测项目的具体责任人,并将其列入工程质量过程控制的体系中,这样利于工程质量的溯源。

试验项目表格记录的标准化,是工程质量过程化控制的体系建设的具体表现。现在工程建设中有一套试验项目记录表格,但这些表格内容过粗,遗漏了一些关键项目,表格的编排顺序也与实际工程的进展存在差异,不便于施工过程中的质量控制。为此,本附录在相应的检测内容后重新编制了表格记录顺序,供施工单位参考、使用。

B.1.4 应根据相应试验检测工作配备足够的技术人员。

质量控制关键在于人,在具体的操作过程中应明确每个环节的责任人,施工单位应根据相应的内容配备技术人员。

B.1.5 试验记录表格应规范、实用,可按本附录中的表格编号编排。

B.1.6 宜开展深度试验,评定混合料的长龄期性能,满足设计要求。

B.2 施工前

B.2.1 应按图 B.2.1 所规定的相关内容及要求对原材料、混合料、拌和设备进行检测、试验,确定施工技术参数。

图 B.2.1 规定的施工前质量控制模块包括试验室和拌和厂两部分。试验室的试验内容分为原材料试验和混合料试验两部分。原材料试验的主要检测评定指标列于表中。当实际工程遇到特殊性地方材料时,需要补充检测内容进行评定,可增加检测项目。

混合料试验涉及目标配合比设计的内容,其中级配选择、剂量选择和延迟试验是必不可少的试验内容。按照 2 倍标准差的标准确定级配的上下限控制范围,每档材料需要不少于 8 次的矿料筛分;同时,当确定级配的上下限后,应进行击实试验和 7d 龄期的强度验证。

拌和厂部分主要是进行生产配合比设计,即拌和楼的调试与标定,同时确定相应的施工参数。

B.2.2 可根据当地材料特点增加检测项目。

工作内容				责任人	检测频率	记录表格	备注
施工前	试验室	原材料	水泥品质	( )	进料检	(T1-01)	
			水质	( )	使用前	(T1-02)	
			粗集料（压碎值、针片状颗粒含量、粉尘含量、软石含量、密度、吸水率）	( )	使用前测2个样品	(T1-03)〜(T1-07)	
			含水率	( )	每天使用前测2个样品	(T1-08)	
			筛分	( )	每档料使用前测4个样品	(T1-09)	
			细集料（密度、有机质含量、硫酸盐含量、塑性指数）	( )	使用前测2个样品	(T1-10)〜(T1-13)	
			筛分	( )	每档料使用前测4个样品	(T1-14)	
		混合料	级配确定（击实、7d强度，不少于3个级配）	( )	换料时	(T1-15)	
			剂量确定（击实、7d强度，不少于3个剂量）	( )		(T1-16)	
			延迟试验（7d强度，确定施工时间）	( )		(T1-17)	
			各档料比例（确定理论级配曲线）	( )		(T1-18)	
			级配控制范围（2倍标准差确定上下限）	( )		(T1-19)	
			EDTA标定曲线确定（不少于5个剂量）	( )		(T1-20)	
	拌和厂	拌和楼调试	料仓调试	( )	换料时	(T1-21)	
			水泥标定	( )		(T1-22)	
			加水量标定	( )		(T1-23)	
		施工参数确定	施工含水率（考虑施工气候条件）	( )	使用前	(T1-24)	
			最大干密度	( )		(T1-25)	
			施工水泥剂量（最佳剂量增加0.5〜1.0个百分点）	( )			

图B.2.1 施工前关键的质量控制环节及相关要求

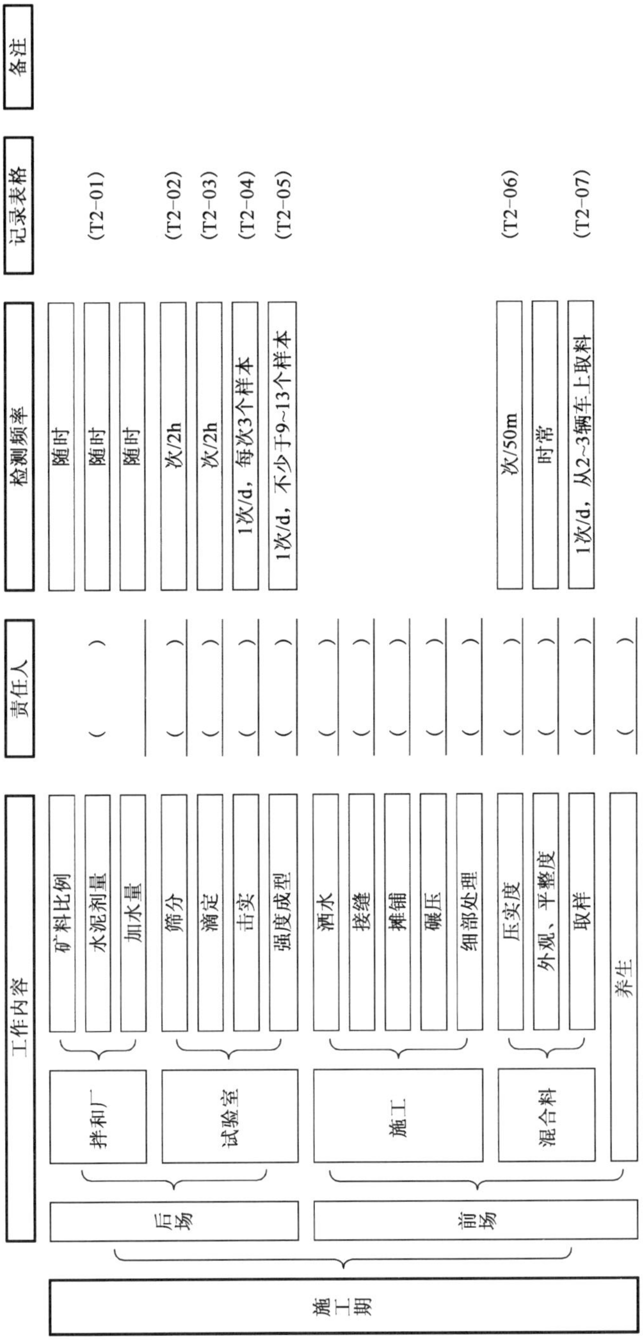

附录B 水泥稳定级配碎石等质量控制关键环节

工作内容		责任人	检测频率	记录表格	备注
拌和厂	矿料比例	( )	随时	(T2-01)	
	水泥剂量	( )	随时	(T2-02)	
	加水量	( )	随时	(T2-03)	
试验室	筛分	( )	次/2h	(T2-04)	
	滴定	( )	次/2h	(T2-05)	
	击实	( )	1次/d，每次3个样本		
	强度成型	( )	1次/d，不少于9~13个样本		
施工	洒水	( )			
	接缝	( )			
	摊铺	( )			
	碾压	( )			
	细部处理	( )			
混合料	压实度	( )	次/50m	(T2-06)	
	外观、平整度	( )	时常		
	取样	( )	1次/d，从2~3辆车上取料	(T2-07)	
	养生	( )			

图B.3.1 施工期间质量控制环节及相关要求

(后场：拌和厂、试验室；前场：施工、混合料；施工期)

B.3 施工期间

B.3.1 施工期间应按图B.3.1所规定的相关内容进行质量控制和检验。

施工期间的质量控制分为前场质量控制和后场质量控制两部分,施工单位应安排足够的技术人员进行有关试验和控制。对于后场质量控制,一方面是拌和楼的生产控制,另一方面是试验室的必要试验抽检。前场质量控制主要包括:施工工艺的质量控制、混合料成型的质量控制以及养生工艺的质量控制等三方面。

B.3.2 拌和设备应控制各个料仓进料的稳定,按设计确定的比例进料,不得随意调整,并应随时检查。出现问题时,应停止生产。

B.3.3 前场施工过程中除应按本细则的要求操作外,尚应注重摊铺碾压中的接缝等细部处理,出现局部离析时,应及时处理。

B.3.4 在终压阶段,对存有轮迹和不平整的路段,应及时补压。

B.3.5 压实度指标检测合格且外观满足要求后,应及时养生。采用覆盖养生方式时,在覆盖前宜洒水。

B.3.6 施工期间应合理安排施工人员作息时间和施工机械的加油、加水,保证施工的连续。

B.4 7d养生结束后

B.4.1 养生7d结束后应按图B.4.1所规定内容,开展室内、外试验检测。

对于高速公路,水泥稳定级配碎石或砾石和碾压贫混凝土材料,7d养生后的质量评定是强制性的。由于检测内容较多,施工单位应安排足够的试验人员,所有检测内容应在第7d或第8d内完成。同时应注意:当检测完成后,应继续养生,并确保养生条件不变。

B.4.2 对产生的裂缝可作描述性记录,不作评定,裂缝较密时,应说明原因。

附录B 水泥稳定级配碎石等质量控制关键环节

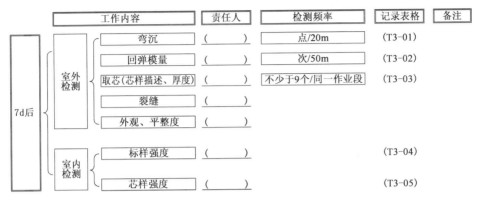

图 B.4.1 养生7d结束后的质量控制环节及相关要求

一般来说,标准化养生后,水泥稳定级配碎石或砾石表面横向裂缝每公里的平均间距不应小于50m,否则应检查养生措施是否合理、混合料的均匀性是否满足要求。当弯沉指标满足要求时,可继续施工。当裂缝间距较密(如小于15m)或出现纵向裂缝和网裂对,应分析原因,采取必要的措施。

B.5 深度试验

B.5.1 宜按图 B.5.1 所规定内容进行深度试验。

	工作内容	责任人	样本数量	记录表格	备注
深度试验	90d抗压强度	( )	不少于9~13个	(T4-01)	
	90d动态抗压模量	( )	不少于9~13个	(T4-02)	
	90d静态抗压模量	( )	不少于9~13个	(T4-03)	
	90d侧面抗压模量	( )	不少于9~13个	(T4-04)	
	90d弯拉强度	( )	不少于9~13个	(T4-05)	
	90d弯拉模量	( )	不少于9~13个	(T4-06)	
	疲劳特性 应力模式	( )	每个应力不少于6~9个	(T4-07)	
	疲劳特性 应变模式	( )	每个应变不少于6~9个	(T4-08)	
	干缩试验	( )	不少于9~13个	(T4-09)	
	温缩试验	( )	不少于9~13个	(T4-10)	
	冻融试验	( )	不少于9~13个	(T4-11)	

图 B.5.1 深度试验的内容及相关要求

本部分试验属于水泥稳定级配碎石或砾石及碾压贫混凝土设计过程中应进行的试验。应委托具有试验能力和资质的单位进行。在这里强调，这些试验检测是为了实现设计施工的一体化的目标。

B.5.2 试验龄期可根据技术要求补充 180d 或 360d 的试验龄期。

B.5.3 试验中应有足够的样本量，保证试验结果的可靠性。

附录 C 回弹弯沉值的计算

C.0.1 路基顶面的回弹弯沉计算值应按式(C.0.1)计算：

$$l_0 = 9308 E_0^{-0.938} \tag{C.0.1}$$

式中：E_0——路基回弹模量(MPa)；

l_0——路基顶面的回弹弯沉计算值(0.01mm)。

C.0.2 底基层顶面回弹弯沉应按下列步骤计算：

1 利用路基和底基层材料的回弹模量计算值 E_0 和 E_1 以及底基层的厚度 h_1(cm)，计算底基层表面弯沉系数 α_L。

2 弯沉综合修正系数 F 按式(C.0.2-1)计算：

$$F = 3.643 \alpha_L^{1.8519} \tag{C.0.2-1}$$

3 底基层顶面的回弹弯沉计算值 l_1，即标准值按式(C.0.2-2)计算：

$$l_1 = \frac{2p\delta}{E_0 K_1} \alpha_L F \tag{C.0.2-2}$$

式中：p——后轴重100kN货车轮胎的单位压力，对黄河货车，可取0.7MPa；

δ——荷载圆半径；

K_1——季节影响系数，不同地区取值范围为1.2~1.4。

C.0.3 基层顶面弯沉值应按下列步骤计算：

1 利用路基、底基层和基层材料的回弹模量计算值 E_0、E_1、E_1 以及底基层和基层厚度 h_1 和 h_2(cm)，按弹性层状体系模型，计算基层顶面的弯沉系数 α'_L。

2 基层顶面应有的回弹弯沉计算值 l_2，即标准值按式(C.0.3)计算：

$$l_2 = \frac{2p\delta}{K_1 E_0} \alpha'_L F \tag{C.0.3}$$

附录 D 质量检验的统计分析计算

D.0.1 在工程质量管理和质量检验中,应针对不同的情况拟定相应的质量评定方法,并将不同的评定方法公式化。

在工程质量管理和质量检验中,经常遇到的一个很重要的问题是如何利用若干次试验的结果来评定某一指标是否符合要求。技术规范对不同的指标所作的规定是不相同的。例如,对路面材料强度,如水泥混凝土的抗折强度和抗压强度或各种水硬性结合料稳定材料的抗压强度等,常规定一个作为低限的设计标准值,而把小于设计值的强度看作是不符合要求的;对路面,通常规定有容许弯沉值,而把此容许弯沉值看作是路面弯沉值的上限;对某个指标可能规定一个容许误差,例如 $\pm 0.3\%$ 或 $-5 \sim +15$。在某些情况下,规范仅规定质量检验指标的均值或甲方仅对某质量指标的均值提出要求;在另一些情况下,也可能对某一指标在总体中的不合格率(或称缺陷比例)作出规定。在实际工作中,对某些质量指标(例如弯沉值)的测点个数可能较多,而对另一些质量指标的检验个数可能较少,因此,需要针对不同的情况,拟定相应的质量评定方法,并将不同的评定方法公式化。

D.0.2 质量检验过程中宜按正态分布规律抽样检验。

抽样检验时需要知道某个指标的观测值的分布形式,而分布形式需要由较多的试验数据来判断和检验。从实用观点看,路面和材料性质的观测值可认为是符合正态分布(或对数正态分布)的,因此本细则中规定的不同评定方法都以正态分布为基础。

D.0.3 观测值或试验结果的均值 $\overline{X}$ 和标准差 S 应按式(D.0.3-1)和式(D.0.3-2)计算,以此估计总体的均值 μ 和标准差 σ。

$$\overline{X} = \frac{X_1 + X_2 + X_3 \cdots + X_n}{n} \qquad (\text{D.0.3-1})$$

$$S = \sqrt{\frac{\sum_{i=1}^{n}(\overline{X} - X_i)^2}{n-1}} \qquad (D.0.3\text{-}2)$$

D.0.4 应根据样本均值 $\overline{X}$ 和样本标准差 S，计算出不同的概率下观测值的波动范围，分为双边和单边两类。

D.0.5 观测值的双边波动范围应按式（D.0.5）计算。

$$\overline{X} - Z_{\alpha/2}S \leqslant X \leqslant \overline{X} + Z_{\alpha/2}S \qquad (D.0.5)$$

式中：$Z_{\alpha/2}$——与规定概率有关的正态分布表中的分位值，概率为 90%（即 $\alpha = 10\%$ 或 0.10）时，$Z_{0.05} = 1.645$；概率为 95%（$\alpha = 5\%$ 或 0.05）时，$Z_{0.025} = 1.96$。

观测值或相同条件下的试验结果将以给定的概率落在式（D.0.5）所限定的范围内。式（D.0.5）左侧决定范围的下限，又称双边波动下限；右侧决定范围的上限，又称双边波动上限。观测试验值落在上限和下限外面的概率相等，各为 $\alpha/2$。

D.0.6 观测值的单边波动范围应分别按式（D.0.6-1）和式（D.0.6-2）计算出单边下波动限和单边上波动限。

单边波动下限范围

$$X > \overline{X} - Z_{\alpha}S \qquad (D.0.6\text{-}1)$$

单边波动上限范围

$$X < \overline{X} + Z_{\alpha}S \qquad (D.0.6\text{-}2)$$

式中：Z_{α}——与规定概率 α 有关的系数，概率为 90%（即 $\alpha = 0.10$）时，$Z_{0.10} = 1.282$；概率为 95%（即 $\alpha = 0.05$）时，$Z_{0.05} = 1.645$。

单边波动范围有两种情况，一是限定下限直到正无穷大的范围；另一是限定上限直到负无穷大的范围。这两种情况的界限分别称单边下波动限和单边上波动限。

观测值或相同条件下的试验结果落在下波动限或上波动限之外的比例为 α，称为缺陷比例，亦即不合格品比例。

D.0.7 某个质量指标规定了低限 L、缺陷比例 α 时，抽样检验或试件试验结果应满足评定标准(1)的要求。

$$\bar{X} - Z_\alpha S \geq L \qquad \text{标准(1)}$$

式中：Z_α——正态分布表中与规定概率或缺陷比例有关的分位值，也就是观测试验结果的下波动限应该大于规定的低限。

一些规范和验收评定标准常根据规定的强度采用标准(1)来设计水硬性结合料稳定材料和水泥混凝土等材料的组成。例如，本细则中规定用作高速公路路面基层的水泥粒料的标准强度为 $R_7 = 3\text{MPa}$，同时要求 n 个混合料试件的平均抗压强度 $\bar{R}_n \geq R_d/(1 - Z_\alpha C_v)$，并采用 $Z_\alpha = 1.645$。也就是要求这种混合料的抗压强度有 95% 概率大于或等于 3MPa，强度小于 3MPa 的概率只有 5%，或这种混合料的缺陷（不合格品）比例只有 5%。

D.0.8　某个质量指标规定了高限 U 时，试验结果应满足评定标准(2)的要求。

$$\bar{X} + Z_\alpha S \leq U \qquad \text{标准(2)}$$

标准(2)的含义是观测试验结果的上波动限应该小于规定的高限。路基路面的弯沉值检验或测定，通常用上波动限来确定代表弯沉值 l_r，并使代表弯沉值小于设计弯沉值 l_d（未计季节系数等），即

$$l_r = \bar{l} + Z_\alpha S \leq l_d$$

对高速公路的路面，国内外常采用 $Z_\alpha = 2$，此时，将有 97.7% 路面的弯沉值小于 l_d，也就是路面的缺陷（或不合格）比例只有 2.3%。

D.0.9　某个质量指标规定了高限 U 和低限 L，且规定超出 U 的缺陷比例与低于 L 的缺陷比例相等时，观测试验结果应满足标准(3)的双边要求。

$$\left.\begin{array}{l}\bar{X} + Z_{\alpha/2} S \leq U \\ \bar{X} - Z_{\alpha/2} S \geq L\end{array}\right\} \qquad \text{标准(3)}$$

式中：$Z_{\alpha/2}$——正态分布表中与规定概率或缺陷比例有关的分位值。

D.0.10　某个质量指标规定超出 U 的比例为 α_1，低于 L 的比例为 α_2 时，检验结果应满足标准(4)的要求。

$$\left.\begin{array}{l}\overline{X} + Z_{\alpha_1}S \leq U \\ \overline{X} - Z_{\alpha_2}S \geq L\end{array}\right\} \qquad 标准(4)$$

D.0.11 使用标准(1)~标准(4)时,试件或测点数 n 宜大于30。

上述从标准(1)到标准(4)的评定方法的精度与总体参数的估计有关。因此,为了有效地使用上述诸标准,需要试件或测点数 n 足够大,以减少总体缺陷估计值的误差。通常要求 $n>30$。如总体分布偏向于均值的右侧或左侧,则总体缺陷估计中的误差可能导致接收质量较次的产品或拒绝接收质量较好的产品(与由 Z_α 和 L 或 U 确定的要求质量相比)。因此,在采用这种评定标准时,保证指标观测值分布的正态性变得更为重要。

D.0.12 n 相对小时,宜采用 t 分布表中的 t_α 或 $t_{\alpha/2}$ 代替上述4个标准中相应的 Z_α 或 $Z_{\alpha/2}$,即应符合下列标准:

$$\overline{X} + t_\alpha S \geq L \qquad 标准(1')$$

$$\overline{X} - t_\alpha S \leq U \qquad 标准(2')$$

$$\left.\begin{array}{l}\overline{X} + t_{\alpha/2}S \leq U \\ \overline{X} - t_{\alpha/2}S \geq L\end{array}\right\} \qquad 标准(3')$$

$$\left.\begin{array}{l}\overline{X} + t_{\alpha_1}S \leq U \\ \overline{X} - t_{\alpha_2}S \geq L\end{array}\right\} \qquad 标准(4')$$

D.0.13 样本参数满足本细则第 D.0.12 条的要求时,可接收,否则不得接收。

在上述两类接收标准中,分位值 Z_α 仅与缺陷比例 α 有关,t_α 则与 α 和 n 有关。在有的文章中,称这两个值为接收常数或标准差的乘数。

标准(1')~标准(4')中的 t_α 值随 n 的增大而减小,并逐渐与 Z_α 值接近。当 $n>30$ 后,t_α 值与 Z_α 值之差就不很明显了。也就是观测试验个数愈多,接收常数愈小,即同一概率情况下,n 愈大 t_α 值愈小,直到与 Z_α 值相等。

D.0.14 对有限样本的总体估计可采用平均值的双边置信区间和单边置信区间。

实际抽样检验或制备试件进行某种试验的个数 n 总是有限的,因此,一次抽样检验所得的均值不会等于真值,在同一总体中重新抽取 k 次样本所得的 k 个均值,相互间都会有一定的差异。试验和理论都已证明,样本均值的频度分布曲线为对称的钟形曲线,也按正态分布或 t 分布。一次抽样检验的样本均值会以一定的概率在某一范围内变化,或说,根据此均值可以给出两个界限,使此两界限以一定的概率包括真值在内。这两个界限所包括的值的范围称为平均值的置信区间。平均值的置信区间有双边的也有单边的。

D.0.15 双边置信区间应按式(D.0.15)计算。

$$\overline{X} - t_{\alpha/2}\frac{S}{\sqrt{n}} \leqslant \mu \leqslant \overline{X} + t_{\alpha/2}\frac{S}{\sqrt{n}} \quad (\text{D.0.15})$$

式中:$\frac{S}{\sqrt{n}}$——算术平均值的标准差,或称标准误差;

$t_{\alpha/2}$——t 分布表中与观测个数 n 和置信度 α 有关的分位值。

式(D.0.15)中的左侧限定双边置信区间的下限,简称置信下限;右侧限定双边置信区间的上限,简称置信上限。

D.0.16 单边置信区间应分别按式(D.0.16-1)和式(D.0.16-2)计算。

限制下限时

$$\mu > \overline{X} - t_{\alpha/2}\frac{S}{\sqrt{n}} \quad (\text{D.0.16-1})$$

限制上限时

$$\mu < \overline{X} + t_{\alpha/2}\frac{S}{\sqrt{n}} \quad (\text{D.0.16-2})$$

本条指标准差未知的情况。如已知标准差或 n 大,在式(D.0.15)、式(D.0.16-1)和式(D.0.16-2)中用 $Z_{\alpha/2}$ 或 Z_α 代替 $t_{\alpha/2}$ 或 t_α。

D.0.17 要求限制的是平均值的低值 $L_{\overline{X}}$ 时,宜按标准(5)计算。

$$\overline{X} - t_{\alpha/2}\frac{S}{\sqrt{n}} \geqslant L_{\overline{X}} \quad \text{标准(5)}$$

标准(5)含义是观测试验结果平均值的下置信限应该大于规定的平均值下

限。在本细则中,对压实度的检验就采用了标准(5)的评定方法。例如,规定路基的压实度为95%,对压实度检验 n 次后,如统计结果满足 $\overline{X} - t_{\alpha/2} S/\sqrt{n} \geq 95\%$,否则就不合格。

D.0.18 要求限制的是平均值的高值 $U_{\overline{X}}$ 时,宜按标准(6)计算。

$$\overline{X} - t_{\alpha/2} \frac{S}{\sqrt{n}} \leq U_{\overline{X}} \qquad 标准(6)$$

D.0.19 对某项指标要求检验其均值或设计标准,并规定一个接收低限 LL 和一个接收高限 UL 时,宜按标准(7)计算。

$$LL \leq \overline{X} \leq UL$$

或

$$\left.\begin{array}{l} \overline{X} - t_{\alpha/2} \dfrac{S}{\sqrt{n}} \geq LL \\[2mm] \overline{X} + t_{\alpha/2} \dfrac{S}{\sqrt{n}} \leq UL \end{array}\right\} \qquad 标准(7)$$

公路工程现行标准、规范、规程、指南一览表

(2016年9月版)

序号	类别	编号	书名(书号)	定价(元)
1	基础	JTG A02—2013	公路工程行业标准制修订管理导则(10544)	15.00
2		JTG A04—2013	公路工程标准编写导则(10538)	20.00
3		JTJ 002—87	公路工程名词术语(0346)	22.00
4		JTJ 003—86	公路自然区划标准(0348)	16.00
5		JTG B01—2014	★公路工程技术标准(活页夹版,11814)	98.00
6		JTG B01—2014	★公路工程技术标准(平装版,11829)	68.00
7		JTG B02—2013	公路工程抗震规范(11120)	45.00
8		JTG/T B02-01—2008	公路桥梁抗震设计细则(1228)	35.00
9		JTG B03—2006	公路建设项目环境影响评价规范(0927)	26.00
10		JTG B04—2010	公路环境保护设计规范(08473)	28.00
11		JTG B05—2015	公路项目安全性评价规范(12806)	45.00
12		JTG B05-01—2013	公路护栏安全性能评价标准(10992)	30.00
13		JTG B06—2007	公路基本建设项目概算预算编制办法(06903)	26.00
14		JTG/T B06-01—2007	★公路工程概算定额(06901)	110.00
15		JTG/T B06-02—2007	★公路工程预算定额(06902)	138.00
16		JTG/T B06-03—2007	★公路工程机械台班费用定额(06900)	24.00
17		交通部定额站2009版	公路工程施工定额(07864)	78.00
18		JTG/T B07-01—2006	公路工程混凝土结构防腐蚀技术规范(0973)	16.00
19		交通部2007年第30号	国家高速公路网相关标志更换工作实施技术指南(1124)	58.00
20		交通部2007年第35号	收费公路联网收费技术要求(1126)	62.00
21		交通运输部2015年第40号	★收费公路联网收费多义性路径识别技术要求(12484)	40.00
22		JTG B10-01—2014	公路电子不停车收费联网运营和服务规范(11566)	30.00
23		交通运输部2011年	公路工程项目建设用地指标(09402)	36.00
24	勘测	JTG C10—2007	★公路勘测规范(06570)	28.00
25		JTG/T C10—2007	★公路勘测细则(06572)	42.00
26		JTG C20—2011	公路工程地质勘察规范(09507)	65.00
27		JTG/T C21-01—2005	公路工程地质遥感勘察规范(0839)	17.00
28		JTG/T C21-02—2014	公路工程卫星图像测绘技术规程(11540)	25.00
29		JTG/T C22—2009	公路工程物探规程(1311)	28.00
30		JTG C30—2015	★公路工程水文勘测设计规范(12063)	70.00
31	设计	公路	JTG D20—2006	★公路路线设计规范(0996)	38.00
32			JTG/T D21—2014	公路立体交叉设计细则(11761)	60.00
33			JTG D30—2015	★公路路基设计规范(12147)	98.00
34			JTG D31—2008	沙漠地区公路设计与施工指南(1206)	32.00
35			JTG/T D31-02—2013	★公路软土地基路堤设计与施工技术细则(10449)	40.00
36			JTG/T D31-03—2011	★采空区公路设计与施工技术细则(09181)	40.00
37			JTG/T D31-04—2012	多年冻土地区公路设计与施工技术细则(10260)	40.00
38			JTG/T D32—2012	★公路土工合成材料应用技术规范(09908)	42.00
39			JTG D40—2011	★公路水泥混凝土路面设计规范(09463)	40.00
40			JTG D50—2006	★公路沥青路面设计规范(06248)	36.00
41			JTG D33—2012	公路排水设计规范(10337)	40.00
42		桥隧	JTG D60—2015	★公路桥涵设计通用规范(12506)	40.00
43			JTG/T D60-01—2004	公路桥梁抗风设计规范(0814)	28.00
44			JTG D61—2005	公路圬工桥涵设计规范(0887)	19.00
45			JTG D62—2004	公路钢筋混凝土及预应力混凝土桥涵设计规范(05052)	48.00
46			JTG D63—2007	公路桥涵地基与基础设计规范(06892)	48.00
47			JTG D64—2015	★公路钢结构桥梁设计规范(12507)	80.00
48			JTG D64-01—2015	公路钢混组合桥梁设计与施工规范(12682)	45.00
49			JTG/T D65-01—2007	公路斜拉桥设计细则(1125)	28.00
50			JTG/T D65-04—2007	公路涵洞设计细则(06628)	26.00
51			JTG/T D65-05—2015	公路悬索桥设计规范(12674)	55.00
52			JTG/T D65-06—2015	公路钢管混凝土拱桥设计规范(12514)	40.00
53			JTG D70—2004	公路隧道设计规范(05180)	50.00
54			JTG/T D70—2010	★公路隧道设计细则(08478)	66.00
55			JTG D70/2—2014	公路隧道设计规范 第二册 交通工程与附属设施(11543)	50.00
56			JTG/T D70/2-01—2014	公路隧道照明设计细则(11541)	35.00
57			JTG/T D70/2-02—2014	公路隧道通风设计细则(11546)	70.00

续上表

序号	类别	编号	书名(书号)	定价(元)
58	交通工程	JTG D80—2006	高速公路交通工程及沿线设施设计通用规范(0998)	25.00
59		JTG D81—2006	★公路交通安全设施设计规范(0977)	25.00
60		JTG/T D81—2006	★公路交通安全设施设计细则(0997)	35.00
61	设计	JTG D82—2009	公路交通标志和标线设置规范(07947)	116.00
62	综合	交公路发〔2007〕358号	公路工程基本建设项目设计文件编制办法(06746)	26.00
63		交公路发〔2007〕358号	公路工程基本建设项目设计文件图表示例(06770)	600.00
64		交公路发〔2015〕69号	公路工程特殊结构桥梁项目设计文件编制办法(12455)	30.00
65	检测	JTG E20—2011	公路工程沥青及沥青混合料试验规程(09468)	106.00
66		JTG E30—2005	公路工程水泥及水泥混凝土试验规程(0830)	32.00
67		JTG E40—2007	★公路土工试验规程(06794)	79.00
68		JTG E41—2005	公路工程岩石试验规程(0828)	18.00
69		JTG E42—2005	公路工程集料试验规程(0829)	30.00
70		JTG E50—2006	★公路工程土工合成材料试验规程(0982)	28.00
71		JTG E51—2009	公路工程无机结合料稳定材料试验规程(08046)	48.00
72		JTG E60—2008	公路路基路面现场测试规程(07296)	38.00
73		JTG/T E61—2014	公路路面技术状况自动化检测规程(11830)	25.00
74	施工	公路	JTG/T F10—2006	公路路基施工技术规范(06221)	40.00
75			JTG/T F20—2015	★公路路面基层施工技术细则(12367)	45.00
76			JTG/T F30—2014	公路水泥混凝土路面施工技术细则(11244)	60.00
77			JTG/T F31—2014	公路水泥混凝土路面再生利用技术细则(11360)	30.00
78			JTG F40—2004	★公路沥青路面施工技术规范(05328)	38.00
79			JTG F41—2008	公路沥青路面再生技术规范(07105)	25.00
80		桥隧	JTG/T F50—2011	★公路桥涵施工技术规范(09224)	110.00
81			JTG/T F81-01—2004	公路工程基桩动测技术规程(0783)	20.00
82			JTG F60—2009	公路隧道施工技术规范(07992)	42.00
83			JTG/T F60—2009	公路隧道施工技术细则(07991)	58.00
84		交通	JTG F71—2006	★公路交通安全设施施工技术规范(0976)	20.00
85			JTG/T F72—2011	公路隧道交通工程与附属设施施工技术规范(09509)	35.00
86	质检安全	JTG F80/1—2004	公路工程质量检验评定标准 第一册 土建工程(05327)	46.00
87		JTG F80/2—2004	公路工程质量检验评定标准 第二册 机电工程(05325)	26.00
88		JTG G10—2016	公路工程施工监理规范(13275)	40.00
89		JTG F90—2015	★公路工程施工安全技术规范(12138)	68.00
90	养护管理	JTG H10—2009	公路养护技术规范(08071)	49.00
91		JTJ 073.1—2001	公路水泥混凝土路面养护技术规范(0520)	12.00
92		JTJ 073.2—2001	公路沥青路面养护技术规范(0551)	13.00
93		JTG H11—2004	公路桥涵养护规范(05025)	30.00
94		JTG H12—2015	公路隧道养护技术规范(12062)	60.00
95		JTG H20—2007	公路技术状况评定标准(1140)	15.00
96		JTG/T H21—2011	★公路桥梁技术状况评定标准(09324)	46.00
97		JTG H30—2015	公路养护安全作业规程(12234)	90.00
98		JTG H40—2002	公路养护工程预算编制导则(0641)	9.00
99	加固设计与施工	JTG/T J21—2011	公路桥梁承载能力检测评定规程(09480)	20.00
100		JTG/T J21-01—2015	公路桥梁荷载试验规程(12751)	40.00
101		JTG/T J22—2008	公路桥梁加固设计规范(07380)	52.00
102		JTG/T J23—2008	公路桥梁加固施工技术规范(07378)	30.00
103	改扩建	JTG/T L11—2014	高速公路改扩建设计细则(11998)	45.00
104		JTG/T L80—2014	高速公路改扩建交通工程及沿线设施设计细则(11999)	30.00
105	造价	JTG M20—2011	公路工程基本建设项目投资估算编制办法(09557)	30.00
106		JTG/T M21—2011	公路工程估算指标(09531)	110.00
1	技术指南	交公便字〔2006〕02号	公路工程水泥混凝土外加剂与掺合料应用技术指南(0925)	50.00
2		厅公路字〔2006〕418号	公路安全保障工程实施技术指南(1034)	40.00
3		交公便字〔2009〕145号	公路交通标志和标线设置手册(07990)	165.00

注:JTG——公路工程行业标准体系;JTG/T——公路工程行业推荐性标准体系;JTJ——仍在执行的公路工程原行业标准体系。批发业务电话:010-59757973;零售业务电话:010-85285659(北京);网上书店电话:010-59757908;业务咨询电话:010-85285922。带"★"的表示有勘误,详见中国交通运输标准服务平台 www.yuetong.cn/bzfw。